그
남자의
속물근성에
대하여

**그 남자의
속물근성에 대하여**
SBS PD가 들여다본 사물 속 인문학

글 임찬묵
발행일 2025년 6월 20일 초판 1쇄

발행처 디페랑스
발행인 노승현
책임편집 민이언
출판등록 제2011-08호(2011년 1월 20일)
주소 서울특별시 마포구 양화로81 320호
전화 02-868-4979 팩스 : 02-868-4978

이메일 davanbook@naver.com
인스타그램 @davanbook

ⓒ 2025, 임찬묵

ISBN 979-11-94267-29-4 03100

* 「디페랑스」는 「다반」의 인문, 예술 출판 브랜드입니다.

그 남자의
속물근성에
대하여

임찬묵 지음

SBS PD가
들여다본
사물 속 인문학

différance

프롤로그

사물완상

평소 가만히 있지 못하는 성격이다. 관심이 가는 것이 생기면 생각만으로 그치지 않는다. 뭐든 직접 해봐야 직성이 풀린다. 시작해서 괜찮다 싶으면 꽤 깊이 들어간다. 스스로 납득이 될만한 수준에 도달할 때까지 직접 해보고 공부한다. 늘 몇 가지는 그런 관심을 두고 산다. 그렇게 시간이 지나고 나이가 들다 보니 꽤 많은 것들을 해보았다. 취미와 관련된 것, 직업과 관련된 것, 공부와 관련된 것, 생활에 관련된 것 등 다양한 분야를 집적거렸다.

물건이 많은 편이다. 집적댄 일이 많아 그때마다 하나둘 생긴 것들이다. 살 때는 꼭 필요해서, 너무 예뻐서, 의미가 있어서 가져온 물건들이다. 아직 쓰는 물건도, 어딘가에 처박혀 있는 것도 있다. 재미있게도, 쓰든 안 쓰든 모두 조금씩 이야기를 가지고 있다. 무심히 지나칠 때는 잘 모른다. 늘 비슷한 일상의 시간을 살다 문득 어딘가에 꽂히는 순간이 있다. 책상 위에 놓은 소품 하나가 말을 건넨다. 내가 잊고 있던 순간들이 떠오른다.

모든 이야기의 시작에는 좀 있어 보이려는 속물근성과 그것을 구현하려는 물욕이 있었을 것이다. 한데, 시간은 참 무서운 것이어서 지나쳐 간 세월 속에 물건이 건네는 이야기가 더 깊어져 있음을 느낀다. 그 물건 하나를 고르기 위해 들였던 노력, 애정을 가지고 섭렵한 지식, 쓰고 쳐다보며 생긴 기억들이 줄줄이 엮여 나온다. 이야기의 끝에서는 그것을 처음 대했을 때의 마음을 되돌아보게 된다. 나이가 들어 조금은 깊어진 마음이 철없던 나를 만나 세상을 이야기한다. 그렇게 물건에 담긴 기억을 되짚다 깊은 깨달음에 닿을 때가 있다. 그 순간이 즐겁다. 이런 경험들을 감히 사물완상(事物玩賞)이라고 할 수 있을까.

이 이야기들을 글로 남겨 보고 싶었다. 하지만 일상을 찬찬히 서술하는 글들과 그리 친하지 않다. 에세이를 많이 읽어 보지 못했다. 지금까지 내가 불특정 다수에게 보여 준 글은 논문들뿐이다. 개인적인 얘기를 써서 공개한 적이 없다. 여기 적는 글들이 어떤 독자에게든 익숙하지 않을 수도 있겠다. 어디서 보지 못한 문체로 보일 것이다. 섬세하지도, 유익하지도 않을 수 있다. 그래도, 물건을 쳐다보며 생각에 잠기는 즐거움을 함께 하고 싶은 사람이 있지 않을까?

지극히 개인적인 이야기에 대한 변명으로 한 편의 글마다 석학들의 깊은 생각들을 골라 덧붙였다. 좁은 경험담을 더 넓은 관점으로 펼칠 수 있도록 작은 디딤돌 하나를 놓는 마음으로 적었다. 인문학에 발끝 정도만 담근 수준이라 이해가 깊지 못하다. 오류가 있다면 언제든 지적해 주길 바란다. 그래도, 부끄럽지만 내게 영감을 준 이론들을 조금씩 풀어 보았다. 철학적 사유가 멀지 않은 곳에 있음을, 그런 지적인 즐거움이 가까이 있음을 느껴 주길 조심스레 기대한다.

와일만 폴리(Wileman Foley) 엠파이어 쉐이프(Empire Shape) 찻잔 트리오
p.31 〈언제나 더 예쁜 것은 존재한다〉

정장 상의와 부토니에(boutonniere)
p.47 〈격식과 품격〉

❖
베스윅(Beswick) 스태퍼드셔 도그(staffordshire dogs) 도자기 인형(1955~1989년 제작)
p.62 〈당신은 이미 귀족이다〉

메이커스 마크(Maker's Mark), 버번 위스키
p.76 〈기분이 나쁠 땐 불량식품을 먹어야 한다〉

❖ 부로바(Bulova) 슈퍼세빌(Super Seville), 작가 리폼 디자인
p.91 〈나만의 것〉

6mm 비디오 카메라 테이프
p.109 〈공감능력시험을 허하라〉

❖

유니버설 웨이트(Universal Waite) 타로카드와 골든 아르누보(Golden Art Nouveau) 타로카드
p.124 〈인간관계의 기술〉

가정용 게임기

p.140 〈시간졸부〉

❖
반가사유상, 국립중앙박물관 굿즈
p.155 〈에이 그게 아니지〉

당호 현판, 작가의 집
p.171 〈집이란 무엇인가〉

❖
승마 부츠와 헬멧
p.187 〈제어할 수 없는 속도에 대하여〉

✥
작가의 서가
p.201 〈죄책감 없는 소비의 무거움〉

✥

임페리아(Imperia) 제면기
p.215 〈전문가는 전문가다〉

빈카(vinca) 꽃, 작가의 정원
p.230 〈사람 꽃은 한 번만 피나〉

양 무늬 스웨터, 우크라이나 주문 제작

p.247 〈전쟁과 평화〉

오페라글라스
p.262 〈신비의 돌을 찾아서〉

❖
담장의 잡초
p.277 〈Man vs Wild〉

✣
영국과 아일랜드 지도, 동판 인쇄에 채색, 1796년 비엔나 출판
p.291 〈살아남은 자의 허무함〉

차례

프롤로그 사물완상 ······ 004

허영과 미감 사이 욕망의 사다리 위에서

❖ 언제나 더 예쁜 것은 존재한다 ······ 031
　　+α 피에르 부르디외: 아비투스
❖ 격식과 품격 ······ 047
　　+α 공자: 회사후소
❖ 당신은 이미 귀족이다 ······ 062
　　+α 소스타인 베블런: 과시소비
❖ 기분이 나쁠 땐 불량식품을 먹어야 한다 ······ 076
　　+α 임마누엘 칸트: 취미판단
❖ 나만의 것 ······ 091
　　+α 발터 벤야민: 아우라

사람 사이에 살아 인간이어라 앞만 보고 달리면 행복해질까

- 공감능력시험을 허하라 …… 109
    - +α 새뮤얼 헌팅턴: 문명의 충돌
- 인간관계의 기술 …… 124
    - +α 플라톤: 시인 추방론 vs 버트럼 포러: 바넘효과
- 시간졸부 …… 140
    - +α 버트런드 러셀: 게으름에 대한 찬양
- 에이 그게 아니지 …… 155
    - +α 붓다: 오온개공

Back to the Basic 익숙해서 보이지 않는 것들에 대하여

- 집이란 무엇인가 …… 171
    - +α 르코르뷔지에: 모더니즘 건축
- 제어할 수 없는 속도에 대하여 …… 187
    - +α 공자: 극기복례와 중용
- 죄책감 없는 소비의 무거움 …… 201
    - +α 소크라테스: 아포리아
- 전문가는 전문가다 …… 215
    - +α 장자: 포정해우
- 사람 꽃은 한 번만 피나 …… 230
    - +α 임마누엘 칸트: 숭고

연결된 세상 평안한 일상을 찬양하라

- 전쟁과 평화 …… 247
    - +α 장 보드리야르: 시뮬라크르
- 신비의 돌을 찾아서 …… 262
    - +α 호미 바바: 혼종성
- Man vs Wild …… 277
    - +α 레이첼 카슨: 침묵의 봄
- 살아남은 자의 허무함 …… 291
    - +α 프리드리히 니체: 아모르 파티

에필로그 생각의 깊이 …… 306

허영과 미감 사이

욕망의 사다리 위에서

언제나
더 예쁜 것은
존재한다

주당의 고민

술을 좋아한다. 사람이 먹는 것 중 술만큼 사치스러운 것이 있을까? 그냥 먹어도 될 쌀과 포도를 응축해서 청주와 와인을 만든다. 그것도 모자라 불을 지펴 수증기를 방울방울 모아 증류주를 만든다. 서양 사람들이 증류주를 spirit이라고 부르는 이유는 재료인 곡물이나 과일의 영혼만을 모아서 그러는 것이 아닐까. 쌀 한 됫박으로 지은 밥을 한 번에 다 먹는 사람은 없다. 그러나 그걸로 만든 술은 두 병이고 세 병이고 먹어 치운다. 기근이 들었을 때 괜히 금주령이 내려진 것이 아니다. 술 한 병 만들 쌀로 죽을 끓이면 한 가족이 몇 끼니는 버텼을 테니, 이 얼마나 큰 사치인가.

이렇게 만든 술과 딱 맞는 음식을 찾아 즐기면 이런 호사가 또 없다. 술은 부족한 맛은 지워 주고 즐기고 싶은 맛은 최대한으로 끌어올려 준다. 그뿐인가. 내가 닫아 두었던 감각과 감정들을 해방시켜 평소라면 느끼지 못했을 것들을 끌어내 주기까지 한다. 술잔을 앞에 두면 다른 사람들과의 대화도 술술 풀리게 마련이다. 이러니 술을 좋아하지 않을 도리가 없다.

하지만, 맨정신으로 살아야 하는 일상에서 마음대로 술을 마실 수는 없는 법. 사치를 즐기다가 대낮에 개가 되어 인간 사회를 망칠 수는 없다. 고민이 시작되었다. 술이 주는 만족감을 대신해 줄 것은 무엇일까. 물을 많이 마시라고 하는 사람도 있었다. 물만큼 사람 몸에 좋은 것이 없다고. 하지만 물은 심심하다. '술에 물 탄 듯하다'는 말이 괜히 나왔겠는가. 커피를 취미로 가져 보라고도 했다. 다양한 원두를 취향에 맞게 골라 에스프레소로 뽑아낼지 드립으로 내릴지 고민하는 것은 즐거운 일이다. 하지만 나는 커피를 두 잔만 마셔도 잠을 못 자는 몸, 술을 대신할 수는 없었다.

마리아쥬프레르 마르코폴로

게으른 고민의 시간을 오랫동안 보내다 병원에서 피가 끈적해졌다는 통보를 받고서야 정신을 차렸다. 그때 우연이었을까 운명이었을까, 향기가 환상적인 홍차를 선물로 받았다. 마리아쥬프레르 마르코폴로였다. 홍차라면 회사 탕비실에서 손님 맞을 때 담가 먹는 립톤 티백 정도로 생각하던 때였다. '적당히 향이 나고 적당히 떫은맛이 나는 붉으스레한 음료'가 내 머릿속에 자리 잡고 있던 홍차의 이미지였다.

마르코폴로는 달랐다. 선물 받은 패키지를 열자마자 공간을 채우는 화려한 꽃향기에 눈이 번쩍 뜨였다. 의당 홍차란 것은 희고 네모난 부직포 주머니에 담긴 것이라고 생각했다. 그 주머니 안엔 잘게 부순 찻가루가 들어 있고, 스테이플러로 차를 꺼낼 수 있는 명주실을 콕 찍어 연결한 것만 보아 왔었다. 그것이 내가 아는 홍차였다. 마르코폴로는 달랐다. 표백하지 않아 베이지색을 띤 성긴 모슬린 면포에 적당한 크기의 잎차를 넣는다. 이것을 조그만 복주머니 모양으로 만들어서 손으로 꼼꼼히 실을 감아 마무리한 탐스러운 모양이었다. 이것이 디저트라면 한입에 다 먹고 싶은 충동이 생기는, 그런 모습이었다.

 후각과 시각으로 받은 충격은 미각으로 이어졌다. 처음 맡았던 화려한 향기는 따뜻한 물에 녹아 더 강렬하게 입안으로 들어왔다. 목을 따뜻하게 넘어간 후 기분 좋은 깔끔함이 길게 남았다. 이게 무엇이란 말인가. 내가 지금까지 홍차라고 생각했던 것은 무엇이었단 말인가. 이거다. 술만큼 오감과 정서를 자극할 만한 것은 홍차다. 나는 그때부터 차의 끝 모를 매력에 빠져 버렸다.

 홍차에 관심을 가지게 되면서 점점 새로운 사실을 알게 되었다. 마르코폴로는 홍차잎에 가향을 한 프랑스 제품이었고 내가 받은 것은 잎차가 아니라 티백으로 가공된 것이었다. 당연히도 잎차를 따로 사서 즐기는 것이 내가 한 첫 번째 일이었다. 티포트에 적당량의 홍차잎을 넣고 팔팔 끓인 물로 우려낸다. 마르코폴로의 향이 온 집 안에 퍼진다. 차가 우러날 동안 그 향기를 즐긴다. 그리고 마시는 말갛고 아름다운 홍차의 맛은 술이 주는 기쁨과 또 다른 차원의 것이었다.

거기서 그치지 않았다. 여러 가지 홍차들을 마셔 보고 싶다는 욕심이 생기기 시작한 것이다. 홍차를 만들어 내는 세계적 브랜드가 그렇게 많은 줄 몰랐다. 홍차를 재배한 지역에 따라, 차 나뭇가지에 달린 잎을 어디까지 채취했는지에 따라, 또 그 잎을 따낸 시즌에 따라 맛에 차이가 난다는 것을 알게 되었다. 궁금증은 또 다른 궁금증을 낳는 법이다. 다즐링, 우바, 기문이라는 세계 3대 홍차의 맛은 어떨까? 다즐링 퍼스트 플러쉬와 세컨드 플러쉬의 맛 차이는 어느 정도일까? 한 지역을 대표하는 싱글오리진에서 더 들어가면 다원마다 다른 맛이 나지 않을까? 블렌드 홍차와 가향 홍차에서 내게 잘 맞는 것은 무엇인가?

'차'라는 문화, 그리고 아비투스

차를 사들이고 관련 서적들을 읽는 시간이 계속되었다. 차에 대한 역사가 만만치 않았다. 내가 공부를 하며 배웠던 많은 문화 현상이 차와 관련되어 있었다. 유럽의 귀족문화를 얘기할 때 차를 빼고는 설명이 어렵다는 생각마저 들었다. 영국 귀족의 살롱 문화, 프랑스 로코코 시대의 시누아즈리(chinoiserie), 설탕과 대항해시대, 나아가 중국을 멸망하게 만든 아편전쟁까지 모두 홍차 없이는 설명할 수 없었다.

영국의 teetotal 운동을 알게 되었을 때는 세상 다르지 않구나 하며 혼자 피식 웃기도 했다. teetotal은 술을 전혀 입에 대지 않는 것을 말한다. 19세기 산업혁명 시기, 노동자들은 살인적인 근무 환경을 견뎌야 했다. 스트레스를 받은 사람들이 술에 절어 살게 되며 사회적 문제가 심각해졌다. 네덜란드에서 값싼 진(gin)이 수입되면서 낮이고 밤이고 술에 취해 제정신을 못 차리는 사람들이 늘어난 것이다. 영국 정부는 1830년 금주협회를 설립하고 '절대 금주'라는 의미인 teetotal을 슬로건으로 금주운동을 벌인다. 여기서 tee와 발음이 같은 tea를 술 대신 마시기를 권장하기 시작한다. 19세기 영국 노동자의 문제가 21세기의 나와 연결되는 순간이었다.

또, 차에 대해 애정을 가지고 가다 보면 반드시 만나는 것이 있다. 차를 마시는 것에서 빠지지 않는 영혼의 단짝, 바로 찻잔이다. 차는 단순한 음료가 아니다. 원래 차는 중국에서만 어렵게 구할 수 있는 귀한 물건이었다. 중국 정부가 차 재배법을 철저히 산업비밀로 보호했기 때문이다. 사정이 이렇다 보니 홍차는 당연히 비싼 값을 지불할 수 있는 귀족계층의 전유물이었다. 이렇게 귀한 것을 아무 대접에나 마실 수 있었겠는가? 당시 특제 럭셔리 명품이었던 중국 도자기잔에 마시는 것이 마땅한 대우였다.

차를 마시는 행위가 사교모임으로 발전하면서 차와 찻잔에 대한 심미안이 더 중요해졌다. 귀한 것을 가려내는 취향은 아무나 가질 수 없는 것이다. 부르디외(Pierre Bourdieu)가 그토록 말하지 않았던가. 개인의 취향은 그가 평생 겪은 배경, 가치관, 계급, 권력에 의해 만들어지는 것이라고. 하루아침에 만들어지지도, 내 마음대로 가지기도 어렵다고. 이렇게 만들어진 아비투스(habitus)는 계급을 과시하는 가장 근본적인 차이라고.

당시 귀족들은 자신이 가진 금전적, 문화적 권력을 차와 찻잔에 투영해 자랑하고 싶었을 것이다. 더 아름다운 찻잔을 구해서 대접하고, 그에 대한 대화를 나누는 것이 차를 마시는 행위에 포함되어 있었다. 나아가 사회적인 네트워크와 예술에 대한 정보를 공유하는 고차원의 활동이었다. 자연스레 본인의 아비투스가 드러나는 곳이었을 것이다. 갈증을 해소하는 가장 본능적인 행동이 당대 가장 고급한 문화를 생산해 내는 기반이 되는 기묘한 매력, 이것이 홍차의 힘이다.

나만의 찻잔을 찾아라

찻잔의 세계는 홍차의 세계만큼이나 복잡하다. 과거엔 좋은 도자기를 만드는 기술을 중국과 그 동쪽에 자리 잡은 한국, 일본이 독점하고 있었다. 조용한 은둔의 나라였던 한반도는 유럽세계에 알려지지 않았지만, 중국과 일본의 도자기는 그야말로 특상품의 대우를 받았다. 'china'라는 단어가 도자기를 뜻하기도 하는 것에서 그 깊은 연원을 발견할 수 있다. 유럽의 귀족들은 중국과 일본의 도자기에 완전히 매혹되었다. 유럽 장인들은 동양 자기의 색과 모양, 문양을 따라잡기 위해 수세기에 걸쳐 노력을 했다. 원료인 고령토가 나지 않는 유럽에서는 동양의 도자기가 가지는 신비한 매력을 완전히 구현할 수 없었다. 하지만 수많은 시행착오를 거쳐 점토에 골회(뼈를 태운 가루)를 섞어 본차이나를 만들어 냈다. 가볍고 튼튼한 본차이나는 이제 고급 자기의 대명사가 되어 있다. 자기의 보급에도 기여했다. 손으로 그리는 생산방식의 한계를 넘기 위해 무늬를 찍어 내는 전사 기법을 발전시켰다. 이로써 고급자기의 대량 생산이 가능하게 되었다. 몇 줄로 언급된 이 이야기는 책 한 권으로도 설명이 모자란 방대한 노력의 역사이다.

이렇게 넓은 도자기의 세계에서 내 눈에 들어오는 잔 하나를 고르는 일은 정말 쉽지 않았다. 찻잔의 브랜드며 구성 같은 것을 많이 알지 못할 때였다. 뭔지 몰라도 그냥 예뻐 보이는 것을 무작정 찾아보기 시작했다. 백화점에 늘어선 찻잔들을 구경했다. 동네 인근 도자기 아울렛을 들러 살펴봤다. 알만한 메이커들을 다 둘러봤지만 눈에 들어오는 것이 없었다. 온라인으로 눈을 돌려 뒤지기 시작했다. 국내 사이트는 성에 차지 않아 해외 자기 사이트, 앤티크 사이트, 경매 사이트 등 시간 나는 대로 들여다보았다.

적당한 가격대에 예쁜 찻잔 하나 고르는 게 이렇게 어려울 일인가. 찻잔이 없는 것인지 내가 이상한 사람인지 헷갈릴 무렵 눈에 들어오는 것을 발견했다. 와일만 폴리(Wileman Foley)의 앤티크 찻잔이었다. 찻잔, 소서(찻잔 받침), 디저트접시로 이루어진 세트로 100년도 더 된 물건이라는 설명이 붙어 있었다. 이거다. 바로 주문을 넣었고, 비행기를 타고 오다 깨지면 어쩌지 하며 안절부절못하는 2주 정도의 시간이 지난 후 받을 수 있었다.

꼼꼼히 싸여 있는 포장을 벗기고 꺼내 본 찻잔은 첫눈에도 대만족이었다. 아름다운 문양, 유려한 외관, 그리고 빛이 비칠 정도로 얇은 본차이나의 질감까지 맘에 들지 않는 구석이 없었다. 차를 내려 마실 때 꽃처럼 펼쳐진 기형(器形)은 입술에 닿는 느낌을 부드럽게 했다. 얇게 빚은 컵은 차가 입안에 들어올 때 오직 차

맛에만 집중할 수 있도록 도와줬다. 찻잔을 내려놓고 옅게 김이 올라오는 아름다운 모습과 달달한 디저트가 놓인 접시를 보고 있는 것도 좋았다.

나중에야 알게 된 사실이지만, 이 찻잔은 와일만 폴리의 '엠파이어 쉐이프(Empire Shape)'라는 제품이다. 내가 가진 블루아이비 문양은 1894년에서 1910년까지만 생산된 것이다. 1, 2차 세계대전을 모두 겪고 살아남은 할아버지뻘 물건인 셈이다. 찻잔, 소서, 접시로 이루어진 것을 '트리오'라고 부르며 가장 기본적인 구성으로 본다는 것도 한참 공부를 한 후에야 알게 되었다.

욕망의 사다리, 한 스텝 위로

너무도 만족한 구매였기 때문에 이 이후는 없으리라 생각했다. 하지만 인간은 욕망으로 뭉쳐진 존재이고, 이 세상은 그 욕망으로 움직이는 자본주의가 득세한 곳 아닌가. 다시 다른 도자기를 찾기 시작하는 데 오랜 시간이 걸리지 않았다. 손님들이 올 때를 대비해서 최소 6인 세트는 구비해 놓아야 하지 않을까. 토끼 모양의 티포트가 너무도 귀여운데 저게 세트로 들어오면 좋지 않을까…

시간이 좀 지나자 내 욕망을 읽은 컴퓨터가 알고리즘이란 것을 돌려 도자기를 추천하기 시작했다. 일을 하다가도 정신을 팔고 눈이 돌아갈 예쁜 것들을 턱턱 보여 줬다. 손으로 직접 문양을 그린 찻잔, 금박을 일일이 찍어 놓은 주전자 등등 끝이 없었다. 심지어 지금이 특가 할인 판매란다. 정신이 온전할 때는 보는 것만으로 만족했다. 하지만 살다 보면 스트레스가 극에 달할 때가 있다. 그럴 때 나도 모르게 저런 아름다운 것들을 주워 담는 내 모습을 발견하곤 했다. 이게 욕망의 구현인 것인가, 심미안의 고양이란 말인가.

세상의 예쁜 물건은 끝이 없었다. 이 정도면 제일 좋은 것 같다고 생각하다가도 바로 옆에 더 좋은 것들이 눈에 들어온다. 역사를 통해 인간은 똑같은 욕망의 법칙을 따라 움직였을 것이고, 장인들은 그것을 구현하기 위해 노력했을 것이다. 처음부터 귀족의 문화로 정착한 홍차의 세계에서 더 비싸고 더 좋은 것은 언제나 존재해 왔을 것이다.

영리한 인터넷은 결국 내게 마이센, 세브르 같은 최고급 브랜드를 추천하는 단계까지 가고 있었다. 두 브랜드 모두 왕실에서 직접 관리를 한 역사를 가진 곳으로 당연히도 최고급, 최고가를 자랑한다. 눈이 돌아갈 정도의 아름다운 작품들이고, 눈이 돌아가고 남을 정도의 가격을 가지고 있다. 나의 미감(이라고 쓰고 욕망이라고 읽는)에 따르면 '저 찻잔을 하나라도 들이는 게 맞는데…' 하고 한참을 들여다보고 있다. 정신을 차리고 보면 난 왕족도 귀족도 아닌 사람인데, 뭘 하고 있나 싶어진다. 내가 신라시대를 살고 있다면 성골 진골은커녕 잘 해봐야 육두품 언저리에도 못 끼는 사람이다. 과욕이 나를 감싸고 있는 것이다.

또, 내가 마이센 최고급 찻잔을 산다 하더라도 거기서 그칠 수 있을 것인가? 그보다 더 예쁜 것이 또 발견되지 않을까? 어느 순간 멈춰야 한다. 어쩌면, 브랜드 같은 것을 잘 모를 때 샀던 와일만 찻잔이 내 미감의 가장 적극적인 반영이었을 것이다. 어느 순간부터 미감을 핑계로 물욕을 충족하는 굴레에 빠져 버린 것이다.

이재용은 만수르가 부럽지 않을까?

내가 귀족의 아비투스를 가지고 싶어 하는지는 확실치 않다. 맛있는 차를 예쁜 잔에 마시고 싶은 욕망은 너무도 자연스레 생겨났다. 좋아하는 것을 더 아름답게 하고 싶은 것은 어쩌면 당연한 일이다. 그러나 더 솔직히 나를 들여다보면 이렇게 순진한 이유만 있진 않았을 것이다. 홍차를 즐기는 '있어 보이는 행위'를 하고 싶은 속물근성이 분명히 기저에 깔려 있었을 것이다. 이 속에서 심미적 안목과 물건에 대한 욕망을 구분하긴 쉽지 않다. 인간이라면 누구나 이 두 가지 감정 속에서 욕망을 심미안으로 정당화하며 살아가고 있을 것이다.

하지만, 세상에는 언제나 더 예쁜 것, 더 좋은 것이 존재한다. 루이비통 백을 사고 나면 에르메스가 보이기 마련이다. 또, 에르메스 벌킨을 사고 나면 벌킨 한정판을 사고 싶기 마련이다. 욕망의 사다리는 정교하게 놓여 있고, 수많은 핑곗거리를 제공하며 유혹한다. 강남에 널찍한 아파트를 가진다고 욕망이 끝나지 않는다. 언제나 그 사다리 하나 위를 쳐다보는 것이 인간이다. 이재용 회장은 만수르를 부러워하지 않겠는가?

+α
피에르 부르디외(Pierre Bourdieu)
: 아비투스

사람은 누구나 잘나 보이고 싶어 한다. 이런 생각은 권력에 대한 인간의 본능이 발현된 것이다. 인간의 긴 역사는 사회적인 영향력, 즉 헤게모니를 쟁취하려는 처절한 투쟁의 과정이나 다름없다. 맨 처음, 잉여 농산물이 생기며 계급이 발생했다. 더 많은 자원을 차지하고 우월한 힘을 행사하는 사람이 생긴 것이다. 그렇게 만들어진 권력의 순서는 이후 오랜 세월 동안 핏줄로 세습되었다.

그런데, 이젠 계급이 사라졌다는 민주사회 아닌가? 그래서 모두가 평등한 것 아닌가? 원칙적 의미에서야 물론 그렇다. 헌법에도 우리 모두 평등하다고 선언하고 있다. 그러나, 인간은 그렇게 만만한 존재가 아니다. 명시적인 계급질서, 그러니까 귀족 같은 신분체제가 아니어도 자신의 우월함을 보여 주고 싶어 하는 것이 인간의 본성이다. 어떻게든 헤게모니를 획득하는 방법들이 생긴다. 여기에 아주 똘똘한 해석을 제시한 것이 부르디외다.

부르디외는 『구별짓기』(La Distinction, 1979)에서 사회적 권력을 가지는 문화 엘리트의 전략을 명쾌하게 해석해 준다. 과거에 권력을 공고히 하는 방법이 눈에 보이는 물리력 같은 것이었다면, 현재의 수단은 좀 더 암묵적이다. 부르디외는 재미있게도 그 방법으로 미학적 태도를 제시한다. 어떤 계급이 지배적 지위를 가지려면 정당성(legitimacy)을 획득해야 한다. 그는 엘리트 계급이 스스로에게 그 정당성을 부여하고 유지하기 위한 수단을 자본(capital)이라고 불렀다. 자본의 유형은 문화자본, 사회자본, 경제자본, 그리고 상징자본으로 구분할 수 있다.

문화자본은 권력의 원천으로서 매우 중요한 기능을 한다. 문화자본은 오랜 시간에 걸쳐 축적해야 하는 것으로서 쉽게 체화되기 어려운 형태다. 우리가 '교양 있다'고 부르는 것들이 이렇게 축적되는 문화자본이다. 엘리트 계급은 특정한 예술, 미식 등의 취향을 어릴 때부터 교육시킨다. 이렇게 반복해서 학습된 결과를 주변의 엘리트 계급들과 공유하며 몸에 체득한다.

부르디외는 이것을 '아비투스(habitus)'라고 이름 지었다. 영어 habit, 습관이라는 단어와 같은 맥락이다. 굳이 교양 있어 보이려 노력하지 않아도 몸에 배어 드러나는 태도를 말한다. 엘리트 지배계급이 고귀한 인물이라는 것을 보여 주기 위한 수단이 문화적 취향이라는 설명이다. 그렇게 자신들의 지위에 정당성을 부여한다. 고급한 아비투스는 자신의 계급을 평범한 사람들과 구별 짓는 가장 강력한 수단이다.

　실제로 우리는 특정한 취향에 대해 '참 싸 보인다'라든가 '있어 보인다'라는 말을 쉽게 한다. 취향에 대해 수평적인 선호의 평가를 넘어서서 고급하다/저급하다를 판단한다. 누가 따로 가르쳐 주지 않았는데도 이런 태도를 은연중에 가지고 있다. 미학적 태도를 '고급한 취향'으로 가져가는 행동은 권력을 더 많이 가진 계층으로 이동하려는 의지가 된다. 장사꾼들이 이걸 모를 리 없다. 이걸 사면 고급한 아비투스를 장착할 수 있다는 메시지를 꾸준히 내보낸다. 본능 깊숙이 헤게모니를 쟁취하려는 인간들의 눈이 뒤집히지 않을 수 없다. 참, 무서운 세상이다.

격식과
품격

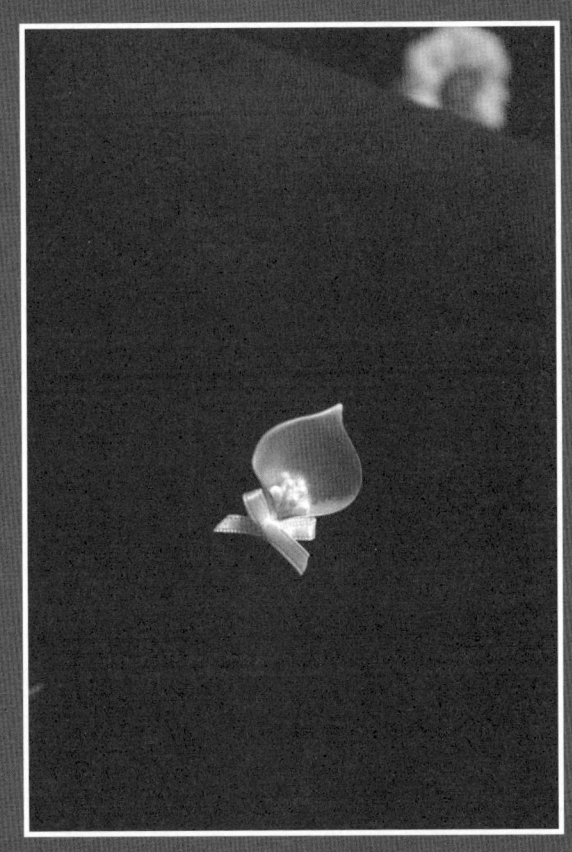

경복궁 한복파티

주말 경복궁 주변은 한복을 입은 사람들로 북적인다. 금발 벽안의 훤칠한 남성, 중국어로 대화를 나누는 가족, 히잡을 두른 일군의 아가씨들까지 세계 모든 사람들이 한복을 즐긴다. 형형색색 화려한 차림새들, 파티장에 와 있는 것 같다. 다과도 음악도 없지만 고궁의 정취 속에서 모두 즐거운 얼굴이다. 난 피부색이 다른 사람들이 이렇게까지 한복을 사랑할 날이 올 줄 몰랐다. K컬처가 힘을 얻으며 가장 한국적인 것이 가장 세계적인 것이라는 구호가 현실이 되었다.

하지만, 뭔가 좀 이상하다. 임금님 붉은 곤룡포에 칼을 차고 선비의 갓을 쓰고 있다. 대감님의 높은 정자관을 쓰고 자수로 장식된 무관의 철릭을 입고 있다. 여성들의 한복은 모두 유럽 바로크 시대 귀족의 옷처럼 부풀어 레이스로 장식이 되어 있다. 한복의 아름다움을 창의적으로 변형하는 것은 좋다. 요즘 트렌드에 맞춰 화려하게 다시 디자인하는 것은 당연한 일일 것이다. 세계인의 취향에 두루 어필할 수 있는 발전인데, 환영할 만한 일이다. 하지만 어찌하나, 내 눈엔 이상해 보이는 걸.

내가 전통 복식에 대해 연구한 것도 아니다. 학교에서 따로 배운 것도 없다. 그저 상식적인 한복 입는 법을 알 뿐이다. 머릿속에 사극에서 본 전통의상들의 이미지를 갖고 있는 수준이다. 이런 막눈으로 봐도 '저건 아니지' 싶은 것들이 많다. 그 옷을 입고 좋은 추억을 남겨 가는 외국인들이 많을 것이다. 하지만, 그들이 '이것이 한복이다'라는 이미지를 갖게 되지는 않을까 괜스레 노파심이 생긴다. 아무리 예쁘게 만든 한복이라도 마음속에 담고 있는 '넘지 말았으면 하는 선'을 지켰으면 싶어진다. 내가 꼰대가 되었기 때문일까?

예비군 훈련장 군복

우리에게 한복이 있다면, 유럽엔 정장이 있다. 양복 정장은 폴란드 경기병의 군복 프록코트(Frock coat)에서 기원한다. 19세기 말 유럽의 신사를 떠올려 보자. 외눈 안경에 높은 실크햇을 쓰고 있다. 그리고 지팡이를 든 꼿꼿한 자세로 서 있다. 이때 반드시 요즘 정장 상의보다 긴, 무릎까지 내려오는 옷을 입고 있다. 이것이 프록코트다. 이 옷은 말을 타고 전투를 할 때 편할 수 있도록 옆과 뒤를 터 실용적으로 만든 것이다. 프록코트는 17세기 후반 사회적으로 공인된 복장의 지위를 갖는다. 귀족뿐 아니라 누구든 격식을 차릴 때 입어야 하는 옷이 되었다. 이 프록코트가 연미

복, 턱시도를 거쳐 지금의 형태로 변화되었다고 한다.

정장은 군복에서 나온 것인 만큼 복장의 규정이 정해져 있다. 영국 정장은 셔츠에 바지를 입고 넥타이를 맨 후 조끼와 재킷을 입는 쓰리피스(three pieces)가 정석이다. 신발은 당연히 구두를 신어야 하고, 중절모를 써야 한다. 미국에서 기성복을 만들면서 정형화된, 조끼와 모자가 빠진 구성이 오늘날 우리가 흔히 생각하는 양복 정장이다. 정장은 규범에 맞게 입는 것이 멋있다. 착용하는 규정이 있는 옷들은 그것을 지켜 주는 것만으로도 깔끔한 멋이 난다. 요즘 정장이 캐주얼화 되는 것이 세계적인 추세다. 노타이에 스니커즈를 신기도 한다. 하지만, 영화 〈킹스맨〉 주인공이 멋있어 보이는 것은 격식에 맞게 옷을 갖췄기 때문이다.

양복 정장에는 수많은 규칙들이 있다. 대표적인 것이 신발이다. 구두는 반드시 옥스퍼드화를 신어야 한다. 뾰족한 앞코에 끈이 달린 구두를 말한다. 옥스퍼드화는 앞코의 모양에 따라 몇 가지로 구분된다. 앞코에 선이 있는지, '브로그(brogue)'라고 부르는 펀칭된 구멍장식이 있는지 여부에 따라 다르다. 앞 발등에 가로로 지르는 선이 하나 있으면 스트레이트 팁이라고 부른다. 이 선에 맞춰 브로그가 일렬로 있는 플레인 캡 토, 선도 무늬도 없는 플레인 토 스타일도 있다. W자 모양으로 화려한 구멍장식이 있는 것은 윙 팁이라고 부른다. 스트레이트 팁이 가장 포멀하고 그 아래 순서대로 자유롭다고 생각한다. 우리나라에서 흔히 양복에 신는 로퍼는 정장화가 아니다. 로퍼(loafer)는 말 그대로 게으름뱅이들이 신는 신발이다. 끈을 맬 필요 없이 쉽게 신고 벗는다는 의미이다. 정장화와 거리가 멀고, 서양 아이들 교복에나 신는 신발이다.

신발을 골랐다면, 반드시 그와 같은 색의 가죽벨트를 매야 한다. 원래 클래식 슈트는 서스펜더(suspender)라고 부르는 멜빵을 메는 게 정석이다. 옛날 서양영화를 떠올려 보면 양복쟁이들은 대부분 이 멜빵을 메고 있다. 요즘은 서스펜더 대신 벨트를 많이 한다. 대신, 구두나 다른 가죽제품과 동일한 색으로 착용하는 것이 원칙이다.

넥타이는 스트라이프나 도트 무늬가 가장 격식에 맞는다. 일견 단순해 보이는 정장에 포인트를 주는 것이 넥타이다. 너무 화려하면 전체의 균형이 깨지고 촌스러워진다. 특정한 디자인의 스트라이프는 레지멘털 타이(regimental tie)라고 부른다. 영국의 전통적인 군대 깃발 디자인에서 따온 것이다. 줄무늬 자체가 특정한 군대나 그룹에 속한 것임을 나타낸다. 레지멘털 타이는 포멀하지만, 유럽인들 앞에서는 잘못 매면 특정 그룹을 지칭할 수 있어서 실례되는 경우가 있다.

양말은 원래 무릎 아래까지 올라오는 어두운 색 호스(hose)를 신는 것이 규정이다. 구두와 바지 사이에 맨살이 나오는 것은 실례이기 때문이다. 상의를 벗어서도 안 된다. 슈트에서 셔츠는 속옷 개념이다. 바지에 메리야스만 입고 있는 것처럼 생각하면 쉽다. 이외에도 수없이 많은 디테일이 규정으로 정해져 있다. 상의 소매의 길이, 소매 끝 단추의 개수, 깃의 각도까지 가장 격식에 맞는 규정이 있다. 그리고 무엇보다, 체형에 딱 맞도록 입어야 한다. 기성복이 흔하기 전에 양복점에서 맞춰 입었던 데에는 다 이유가 있다.

여기까지 얘기하면 이런 생각이 들 것이다. '뭐 이리 복잡해? 그냥 입으면 안 돼?' 맞는 말이다. 옷을 입는 것은 자유다. 누가 어떻게 입건 그것은 본인의 결정이다. 다만, 이렇게 한 번만 생각해 봤으면 좋겠다. 말한 것처럼 정장은 군복에서 유래한다. 규정대로 잘 차려입은 군인을 떠올려 보자. 그리고 예비군 훈련장에서 흔히 볼 수 있는, 자유롭게 군복을 입은 모습을 떠올려 보자. 앞섶을 풀어 헤친 위장복에 운동화를 신고 원색의 스포츠 배낭을 메고 있는 예비군, 어떤가? 한복으로도 생각해 보자. 우리가 아는 전통대로 입은 사람과 경복궁 관광객처럼 입은 모습, 어느 것을 선호하는가?

율령격식

사실 한국에서는 헐렁하게 입는 양복이 표준이다. 슈트에 하얀 와이셔츠, 넥타이를 매고 있으면 어디 회사에서 사무직으로 일을 하는 사람이라 생각되었다. 말 그대로 '화이트칼라'를 대표하는 복장이었다. 예전엔 사무실 밖으로 나갈 일이 없어도 넥타이에 정장을 입고 출근했다. 당연히 꽉 끼는 옷은 불편했을 것이다. 결국 작업복인데 격식을 꼭 맞춰 입어야 한다는 인식은 희박했다.

권위주의를 타파해 왔던 역사와 궤를 같이하며 옷도 변했다. 조선은 성리학 중심의 경직된 사회였다. 이어진 일제 강점부터 군부 독재까지 상명하복의 문화가 반복되었다. 존경받아 마땅한 권위보다 눈치를 보며 허리를 굽혀야 하는 가짜 권위가 득세했다. 우리의 현대사는 이 모든 것을 깨고 자유를 찾아가는 방향으로 발전해 왔다. 이것이 복장에도 영향을 미쳤다고 생각한다. 나가서 누굴 만날 일이 없는 사람이 정장을 입고 출근할 필요는 없다. 회사에서 차려야 할 예의는 누구를 위한 것이란 말인가? 일을 잘하는 것이 중요하다면 답답한 옷보다 효율적인 자유복이 낫다.

이런 변화는 당장 현실로 나타났다. 2000년대 들어서자 노타이에 캐주얼화를 신는 것이 자연스러워졌다. 당연히 정장을 요구하는 회사나 부서도 줄어들었다. 지금 한국은 격식을 갖춘 정장이 필요 없는 사회가 되었다. 그 결과를 이해한다. 그래도, 난 멋없이 헐렁한 양복은 싫다. 정장이라며 알 수 없이 섞어 입은 모습도 좋아하지 않는다. 격식을 차려야 하는 자리엔 그것을 맞춰주는 것이 보기 좋다. 정장의 규정에 익숙한 유럽인들이 한국의 슈트를 보면 아마도 우리가 경복궁에서 한복을 보는 것 같은 느낌이 들지 않을까. 예비군의 군복처럼, 격식에 맞춰 입는 옷은 넘지 말아야 할 선이라는 것이 존재한다.

　격식이란 말은 과거 성문법 체계였던 율령격식(律令格式)에서 온 말이다. 율은 형법, 령은 행정법이다. 격은 율령을 개정한 법규, 식은 시행 세칙이었다. 다시 말하면, 격식은 율령의 원칙 위에서 트렌드에 맞게 적용하는 규칙의 의미이다. 상황에 맞게 조금씩 변화하더라도 지켜야 할 가이드는 필요하다. 자유와 권위는 반대말이 아니다. 전통과 권위가 살아 있어야 그 위에 새로운 변형이 있을 수 있다. 민주적인 사회를 만드는 과정에서 의미 있는 격식도 무시되고 있는 것은 아닐까 싶다. 지금 한국의 파격과 자유는 좋다. 그래도 근원적인 격식을 갖추는 것이 좋아 보일 때도 있는 법이다. 서구권의 결혼식같이 드레스코드가 명확한 행사가 괜히 있어 보이는 것이 아니다. 격식을 갖춰야 할 자리가 명확히 있고, 거기에 맞는 옷과 행동을 보이기 때문이다.

부토니에

PD 일을 잠시 접고 사업부서에 가게 되면서 정장이 필요해졌다. 포멀한 자리나 의전행사 같은 것들에 참석해야 했기 때문이다. 멋진 양복을 고르고 싶었다. 양복의 규정에 대해 찾아보고 파들어 간 것이 이 즈음이었다. 격식에 맞는 깔끔한 착장을 완성하고 싶었다.

네이비와 블랙 색상 정장을 몸에 딱 붙는 것으로 하나씩 골랐다. 구두는 스트레이트 팁 검정색 옥스퍼드화를 제일 먼저 선택했다. 가끔 변화를 주기 위해 플레인 캡 토 스타일의 갈색 구두도 샀다. 구두를 샀으니 거기에 맞는 색으로 벨트도 각각 하나씩 구매했다. 가방도 배낭이나 크로스백을 맬 수는 없었다. 블랙과 브라운 가죽 서류 가방을 하나씩 주문했다. 넥타이는 자잘한 도트 무늬로 골랐다. 고가의 명품들을 산 것은 아니다. 저렴해도 디자인이 격식에 맞는 것 위주로 골랐다. 차근히 하나씩 구비해 가는 데 꽤 오랜 시간이 걸렸다. 물건을 고르고 사는 과정에 신이 났다. 그렇게 갖춰 입으면, 다들 나를 다르게 본다. 뭔지 모르지만 멋있어 보인다나.

격식에 맞춘다고 틀에 갇히는 것은 아니다. 〈대부〉 같은 영화를 보면 멋쟁이 할아버지들이 나온다. 분명 정장을 갖췄는데 포인트가 되는 행커치프를 꽂고 존재감 있는 안경과 고급스러운 중절모를 쓴 노인들이다. 슈트에서 요구되는 모든 것을 맞추지만 그 안에서 자유롭게 개성을 표현할 줄 아는 사람들이다.

나아가, 그 규정을 확실히 알면 정장을 발전시킨 복장을 할 때도 적절한 방향을 잡을 수 있다. 상하의를 믹스매치 할 때 소재가 어울리게 고른다. 완벽한 슈트 차림에 빨간 양말 하나로 파격을 준다. 바탕을 알기 때문에 어색하지 않은 조합을 만들어 내는 것이다. 조선시대 멋쟁이 선비들이 괜히 다양한 갓끈으로 멋을 낸 것이 아니다. 기본이 되는 흰 도포의 매력을 지키고 다른 곳에서 개성을 찾은 결과다. 전체의 틀을 알기 때문에 어디에 포인트를 줄지 알았던 것이다.

정장을 입을 때 나도 포인트를 하나쯤 주고 싶었다. 잘 갖춘 정장은 그것만으로도 사람을 품격 있게 만들어 준다. 거기에 작은 포인트 하나를 얹으면 좋을 것 같았다. 한참을 찾아 생각해 낸 것이 부토니에(boutonnière)다. 단춧구멍을 의미하는 프랑스 말이다. 양복상의 왼쪽 깃에는 단춧구멍이 하나 있다. 앞을 여밀 때 쓰던 것이 본래의 용도는 없어지고 디자인으로 흔적만 남은 것이다. 여기에 꽂는 꽃도 부토니에라고 부른다. 남자라고 꽃장식을 하지 말란 법은 없다. 원래는 생화를 꽂는 것이 시작이었다. 지금은 브로치처럼 액세서리로 만들어지고 있다. 다양한 부토니에를 사 모았다. 은빛 금속으로 꽃을 표현한 것, 시어서커 소재에 어울리는 리본 모양, 흰색 실크로 꽃잎을 만든 것 등 다양한 디자인을 갖췄다. 같은 옷이라 해도 부토니에를 어떤 것으로 하느냐에 따라 인상이 많이 달라진다. 소소하지만 마음을 즐겁게 해 준다.

검이불루 화이불치

불후의 명작『햄릿』1막 3장에는 이런 대사가 나온다. 프랑스로 떠나는 아들 레어티스에게 여러 조심해야 할 것을 짚어 주며 아버지 폴로니어스가 충고하는 말이다.

지불할 수 있는 한도 내에서 값비싼 의복을 차려입되 유별난 디자인은 피하고 고급스럽게 보이되 번지르르하게 꾸미지 마라. 의복은 그 사람의 품격을 말해 주기 때문이다. 의복엔 여유 있는 데까지 돈을 들이되, 야단스러운 치장은 못쓴다. 지나치게 사치해서는 안 된단 말이다. 의복이란 인품을 알아볼 수 있는 거니까.

이 대사는 신언서판(身言書判)이란 말과 맥이 닿아 있다. 우리도 말하는 것이나 글을 쓰는 것 못지않게 품격 있는 외양을 사람을 판단하는 중요한 기준으로 생각해 왔다. 또, 우리 전통의 미감인 '검소하나 누추하지 않고, 화려하나 사치스럽지 않다(儉而不陋 華而不侈, 검이불루 화이불치)'는 원칙을 강조하고 있다. 수백 년 동안 한국에서 중요하게 생각해 온 가치가 16세기 말 만들어진 영국의 무대에 등장한다. 말 그대로 동서고금을 관통하는 가치다.

품격은 값비싼 명품을 휘감는다고 나오지 않는다. 적절한 선을 알고 원칙에 맞게 고를 수 있어야 한다. 이런 안목은 하루아침에 만들어지지 않는다. 가끔은 불편해도 원칙을 지키는 태도도 필요하다. 자유로운 화려함도 좋다. 그래도 가끔은 격식에 맞게 품위 있는 멋을 즐기는 것도 좋지 않을까.

+α
공자(孔子)
: 회사후소(繪事後素)

✶

예의를 중시하는 우리의 사고방식은 다 공자님 말씀을 기본으로 하고 있다. 마음에 갖춰야 할 어진 덕목인 인(仁)이 중심 가치이고, 그것을 개인의 몸가짐과 사회적 시스템으로 발현시키는 예(禮)를 실행덕목으로 한다. 우리는 예가 일상생활 속 인간관계와 소통방식은 물론 집안과 국가의 대소사 형식도 규정한다는 것을 잘 알고 있다. 그만큼 공자에게 예에 걸맞은 격식은 그 중심 덕목인 인을 표현하는 중요한 가치이다.

예술도 예외가 없다. 공자는 '인'을 마음에 품고 '예'에 맞춘 아름다움을 지향했다. 『논어』(論語) 팔일(八佾) 편에서 제자인 자하(子夏)가 『시경』에 나오는 시구의 뜻을 공자에게 묻는다. 아름다운 여인의 모습에 대한 시다. '교묘한 웃음에 예쁜 보조개, 아름다운 눈 속 또렷한 눈동자, 소박함(素, 소)이 아름다운 무늬가 되었구나(巧笑倩兮 美目盼兮 素以爲絢兮, 교소천혜 미목반혜 소이위현혜).' 무슨 뜻인지 바로 이해하기 어려울 만하다. 특히 '素'라는 글자는 소박함으로도, 본바탕으로도 혹은 흰색으로도 해석이 될 수 있는 애매함이 있다. 질문을 들은 공자는 '그림을 그리는 일은 흰 바탕이 있은 후에 행하는 것', 즉 '회사후소(繪事後素)'라고 답한다.

당연한 말이다. 흰 바탕이 제대로 있어야 그 위에 아름다운 것을 표현할 수 있을 것 아닌가. 공자는 이 흰 바탕이 어진 마음가짐, 즉 인이라고 에둘러 말한 것이다. 똘똘한 제자였던 자하는 그 의도를 바로 알아차리고 '예는 나중입니까(禮後乎, 예후호)?'라며 다시 묻는다. 형식은 본바탕이 갖춰진 이후에야 가능하냐는 질문이다. 공자는 '네가 나를 일으키는구나. 이제 함께 시를 말해도 되겠다(起予者商也 始可與言詩已矣, 기여자상야 시가여언시이의)'라고 화답한다. 공자의 흡족한 웃음이 눈에 보이듯 선하다. 본바탕이 충실히 갖춰진 후에야 아름다움을 표현할 수 있다는 공자의 의도가 뚜렷하다.

그렇다고 공자가 형식을 아무렇지도 않게 생각하진 않았다. 만약 그랬다면 후대에 두고두고 비판을 받았던 허례허식들이 나오지는 않았을 것이다. 공자는 기본이 되는 마음과 그것을 표현하는 형식이 균형을 갖춰야 한다고 강조한다. 『논어』옹야(雍也) 편에 정확히 적혀 있다. '내용(質)이 형식(文)보다 강해지면 촌스러워진다(質勝文則野, 질승문즉야). 형식이 내용보다 강하면 겉만 번지르르해진다(文勝質則史, 문승질즉사). 내용과 형식은 조화롭게 갖춰져야 한다(文質彬彬, 문질빈빈). 이런 연후에나 군자답다고 할 수 있다(然後君子, 연후군자).' 여기서 당연히도 내용은 인, 형식은 예를 뜻한다. 이 '문질빈빈'이라는 기본 가치에 충실하게 사람의 태도를 갖추거나 예술작품을 창작해야 한다.

너무도 뻔할 수 있는 말, 공자님 말씀이다. 하지만 그의 말을 차근히 곱씹어 보면 우리가 갖춰야 할 아름다움의 태도를 저만큼 정확히 말해 주는 것이 없다. 예술작품을 대했을 때 어딘가 부족해 보이는 경우를 상상해 보자. 사람을 만났는데 인상이 허술해 보이는 경우도 떠올려 보자. 그리고 공자가 말한 저 두 측면을 대입해 보자. 기본이 덜 되어 있어 겉만 번지르르하진 않은지, 혹은 뭔가 바탕은 되어 있는 것 같은데 꾸미다 만 느낌인지. 우리가 살아오며 체득한 미감은 자기도 모르는 새 두 가지를 모두 평가한다. 만약 내가, 혹은 나의 작품이 누군가에게 좋은 평가를 받고 싶다면 어찌해야 할지 아주 명확하게 보이지 않으신지?

당신은
이미
귀족이다

스태퍼드셔 도그

홍차를 좋아한다. 차, 특히 홍차를 좋아하면 필연적으로 찻잔에 관심을 가지게 된다. 차의 종류와 맛, 향기를 알게 되면 제대로 마시고 싶어진다. 차를 내리는 방법, 예쁘게 서빙을 하는 감각, 함께 먹으면 좋을 음식 같은 확장된 문화가 따라온다. 당연히 좋은 찻잔 세트를 구비하는 것이 애호가들의 공통적인 취미가 된다. 나도 그런 과정을 겪었다. 찻잔의 매력에 빠져 다양한 도자기들을 보았고, 책도 많이 읽었다.

영국 도자기 브랜드 역사에 대한 책을 읽고 있던 중이었다. 책에서 위대한 장인들의 이야기가 쏟아져 나왔다. 지금 우리가 아름다운 자기 제품을 쉽게 쓰는데 영국 장인들이 기여한 바가 크다. 수많은 실험으로 얇고 튼튼한 본차이나 기술을 완성했다. 전사 기법을 연구해 고급스러운 문양을 대량 생산할 수 있게 했다. 지금 우리가 부엌과 화장실에서 만나는, 미감과 위생의 질을 한껏 올린 타일들도 영국 장인들이 기술을 연구해 만들어 낸 것이다. 지금은 너무도 당연하게 생각하고 있는 것들을 만들어 낸 장인들의 피와 땀이 책에 자세히 담겨 있었다.

로열 덜튼(Royal Doulton)에 대한 내용을 읽던 중이었다. 다양한 실용품과 예술작품 이야기가 끝나고 식탁을 장식하는 인형들

(figurine)이 소개되고 있었다. 한국은 서양식 차 문화가 많이 보급된 편은 아니다. 그런데도 스페인 메이커 '야드로(Lladró)'로 대표되는 세라믹 인형이 요즘 유행이다. 차와 큰 관련 없이 그 예쁜 모양 때문에 많은 사랑을 받고 있다. 자그맣게 귀여운 것들부터 눈부시게 화려한 대품까지 다양한 작품이 애호가들을 유혹한다. 난 이런 장식물들에는 별로 관심이 없다. 차 세트를 구비하고 관리하는 것만으로도 벅찬 것이 큰 이유다.

심드렁하게 인형에 대한 페이지들을 넘기다가 멈췄다. 눈을 확 잡아끄는 도판이 보였다. 한 쌍의 강아지 인형이었다. 앞서 보았던 화려한 식기나 소품과 완전히 다른 모습이었다. 뭔지 모를 고졸한 매력이 나를 잡았다. 실제 개의 얼굴을 닮지도 않았다. 세세한 손길을 준 것 같지도 않았다. 눈은 개의 것이 아닌 사람 눈 같아 보인다. 몸통 표현도 대략 생략되어 있다. 머리와 몸의 비율도 맞지 않는다. 금색으로 목줄과 털의 포인트를 줬는데 툭툭 던진 붓질이다. 책에 소개된 장인들이라면 훨씬 더 세밀하고 사실적으로 만들 수 있었을 것이다. 그런데 무슨 이유에선지 저렇게 만든 것 같았다. 신기한 건 디테일도 부족하고 못난 얼굴인데 끌리는 매력이 있다는 사실이었다. 한 쌍이 마주 보는 것도 아니고 멍하니 먼 곳을 응시하는 모습도 웃음이 나왔다. 이런 강아지 소품을 스태퍼드셔 도그(Staffordshire dogs) 인형이라고 부른다고 했다.

벽난로 지킴이

　스태퍼드셔 도그 인형은 영국 빅토리아 시대, 19세기에 유행했다. 고전적이고 보수적인 문화가 주류를 이루던 때다. 이 인형은 주로 주택의 난로 선반에 올려놓았다고 한다. 이 때문에 hearth spaniels 또는 fireplace dogs, 다시 말하면 '난로 강아지'라고도 불렀다고 한다. 1700년대부터 도자기 공장들이 많았던 스태퍼드셔 지역에서 많이 만들어졌다.
　인형의 모습과 구성은 느슨하나마 규범으로 정해져 있었다. 단품이 아니라 쌍으로 앉게 만든다. 목에는 금 사슬과 펜던트를 장식한다. 주로 크림색의 흰 털을 바탕으로 만든다. 개의 외양은 주로 스패니얼 품종을 따른다. 그레이하운드 등 다른 개들도 많이 만들어졌지만, 스패니얼이 가장 인기를 끌었다.
　이 인형은 당시 전형적인 부르주아들의 신분 상징 장식품이었다고 한다. 이들이 스패니얼 외형을 선호한 것은 신분 상승의 욕구가 반영된 결과다. 당시 킹 찰스 스패니얼(King Charles Spaniel) 품종의 개는 왕족들이 주로 길렀다. 이름 자체가 영국의 찰스 2세 국왕에서 나왔다. 찰스 2세는 이 작은 개를 사랑해서 항상 같이 놀았다고 한다. 반대파들이 일은 안 하고 개와 시간을 보낸다고 비난할 정도였다. 부르주아들은 이런 상류층의 여유로운 생활을 동경했을 것이다. 아마도, 난로 위의 개를 보면서 귀족의 삶을 상상하지 않았을까.

재미있게도, 이 개의 이력은 부르주아가 상상했던 귀족의 생활에서 끝나지 않는다. 잠시 도자기 인형을 머릿속에서 지우고, 쌍으로 앉아 있는 동물 조각이 뭐가 있을지 생각해 보자. 뭔가 떠오르는가? 광화문 앞 해태, 어떤가? 중국의 궁궐이나 권세 있는 집 앞에도 돌로 만든 사자(石獅)가 세워져 있다. 일본의 신사나 사원에 가면 '코마이누(狛犬/高麗犬, こまいぬ)', 즉 고려의 개라고 부르는 돌 조각이 쌍으로 세워져 있다. 중요한 곳에 돌로 동물을 만들어 한 쌍으로 세우는 것은 이곳, 극동의 문화다.

중국은 16세기부터 유럽을 겨냥한 수출용 도자기를 만들었다. 이때 돌사자의 모양을 본뜬 인형도 제작했다. 중국의 물건들이 세계 최고의 명품으로 대접받던 시기였다. 서양 예술에 중국풍을 따라 하는 시누아즈리(chinoiserie)가 유행했다. 영국 도자기 장인들은 이 중국 인형을 모방해서 초기 스태퍼드셔 도그를 만들어 냈다. 이때는 누가 봐도 중국의 돌사자를 닮은 모양을 하고 있었다. 영국의 귀족들은 중국의 화려한 문화를 동경하며 인형을 주문했을 것이다. 애초부터 현실의 개를 표현한 것이 아니었던 셈이다. 시간이 지나며 현지화된 양식으로 조금씩 형태가 변해 갔다. 이렇게 정형화된 모습이 부르주아 가정집의 난로 위에 오른다. 중국 왕실에서 시작된 것이 영국 귀족의 선택을 받았고, 이후 부르주아의 취미에 맞게 발전한 것이다. 중국에서 권세 있는 자들을 상징하던 기호가 그 힘이 넘쳐 근대의 영국까지 갔다. 사치품은 이렇게나 힘이 세다.

역사를 바꾼 차

차는 힘이 아주 셌다. 차를 사랑한 귀족들은 중국을 망하게 했다. 19세기 영국과 청나라 사이 최대 교역품은 차였다. 홍차는 원래 귀족들의 문화였다. 당시 차는 중국에서만 나는 특산품이었다. 청나라는 재배법을 산업비밀로 엄격하게 보호했다. 차가 귀해서 자물쇠로 잠그는 티 캐디(tea caddy)에 보관할 정도였다. 시간이 지나 차 문화를 일반 가정에서도 따라 하며 생활필수품이 되었다. 가구 수입의 5% 정도를 차 구입에 썼을 정도였다. 수요는 폭등했지만 차 공급은 모두 중국에 의존해야 했다. 나중엔 무역액의 90%를 차지할 정도로 규모가 커졌다. 거래 대금은 모두 은으로 지급되었다. 수출 우위에 선 중국은 점점 가격을 올렸다. 영국의 은이 빠져나가고 국고가 비기 시작했다.

위기감을 느낀 영국 귀족들은 가장 비윤리적인 해결책을 내놓았다. 식민지 인도에서 만든 아편을 중국에 풀어 중독시킨 것이다. 무역 수지는 역전되고, 중국 사회가 병들어 갔다. 청나라는 이에 분노해 밀수 아편을 압수해 불태운다. 영국은 이때를 기회로 1840년 아편전쟁을 일으킨다. 속으로 썩어 가던 청나라는 압도적인 영국의 해군력에 대항하지 못했다. 이 전쟁으로 종이호랑이 중국이 무너지기 시작한다. 지금은 마트에서 쉽게 사 먹는 홍차가 거대한 역사를 바꾼 것이다.

차에 넣는 설탕은 무고한 노예들을 만들어 냈다. 설탕은 사치품이었다. 하인들에게 티파티를 준비시켜도 설탕을 서빙하는 것은 호스트의 몫이었다. 초대받은 손님도 덩어리 설탕을 집는 집게(sugar nippers)에 손대면 안 됐다. 예의에 어긋나는 행동이었다. 고가의 설탕을 자랑하기 위해 설탕용기의 뚜껑을 덮지 않는 것이 보통이었다. 지금은 이상하게 들리겠지만, 설탕을 못 쓰는 가정에서는 꿀로 단맛을 냈다. 당시 일상생활에서는 밀랍과 꿀이 늘 필요했다. 농가에서 양봉이 성행했다. 하지만, 설탕은 달랐다. 중세시대 아랍에서 사탕수수를 재배하고 설탕을 만드는 기술이 들어왔다. 하지만, 유럽 기후에 맞지 않아 사탕수수를 키울 수 없었다.

대항해시대가 열리고 신대륙에서 사탕수수를 재배할 수 있는 길이 열렸다. 제국주의 열강들은 브라질이나 캐리비언 해역 섬들에 플렌테이션 농장을 열고 사탕수수를 재배했다. 여기에는 엄청난 노동력이 필요했다. 본격적으로 노예무역이 성행했다. 수많은 흑인 노예가 신대륙으로 팔려 갔다. 노동에 혹사된 노예들의 평균 생존 기간은 7년 정도였다. 잔혹한 단맛이었다. 18세기에 사탕무로 설탕을 만드는 기술이 개발되었다. 사탕무는 유럽에서 재배할 수 있었고, 가공도 쉬웠다. 설탕 가격이 낮아지고 노예제도가 폐지되었다. 인간의 피땀을 쥐어짜 즐겼던 귀족의 단맛은 이제 가책 없이 쉽게 사는 생필품이 되었다.

일상 속 사치들

우리 생활용품에는 설탕과 차처럼 사치품이었던 것들이 많다. 비누의 긴 역사에서 일반인들에게 보급된 기간은 매우 짧다. 기원전 2800년경 바빌론에서 처음 비누를 만들었다. 고대 그리스, 이집트에서도 비누가 만들어졌다. 이때 비누는 개인위생용이 아니었다. 조리도구를 세척하거나 의료용으로만 쓰였다. 근대 유럽 귀족들은 이 귀한 비누를 몸을 씻는 데 쓰기 시작했다. 사치로 자신의 지위를 과시한 셈이다. 특히 올리브유로 만든 비누가 유행했다. 스페인 카스티야 지방에서 만든 비누는 최상품으로 여겨졌다. 영국은 1712년부터 비누에 세금을 매겼다. 비누 가격의 3분의 2가 비누세로 부과되기도 했다. 1791년 프랑스 화학자 르블랑이 비누를 쉽게 만드는 방법을 만들고서야 싼값에 팔렸다. 한국에서도 귀한 대접을 받았다. 1882년 청나라를 통해 들어온 비누의 가격은 일꾼들 하루 품삯보다 비쌌다고 한다.

멀리 갈 필요도 없다. 저렴한 배달음식의 대명사가 된 중국음식도 과거엔 고급요리였다. 개화기 경성에서 영업하던 아서원, 대관원 같은 식당은 코스로 된 청요리(淸料理)를 제공했다. 식당은 대개 한국에서는 보기 힘든 2층 구조였다. 1층은 홀, 2층은 방으로 구성되었다. 일본인이나 부유한 조선인만이 갈 수 있는 곳이었다. 우리 밥상도 그렇다. 고기는 제사나 잔치가 있을 때나 먹을 수 있는 것이었다. 고기로 배를 채우는 것은 엄청난 사치였다. 우리가 흔히 먹는 소주는 부유한 양반만 먹던 전통 소주에서 그 이름을 따온 것이다. 발효주인 청주도 귀했던 시절, 그것을 증류하여 만든 전통 소주는 호화로운 술이었다. 희석식 소주를 처음 생산할 때 그 고급스러운 이미지를 가져왔다.

김일 선수가 박치기를 날리던 시절, TV는 동네에 한 대 있는 물건이었다. 긴 다리에 여닫이문이 있는 흑백 브라운관 TV는 마을의 극장 역할을 했다. 그랜저는 회장님만 타는 차였다. 에어컨이나 핸드폰도 아무나 가질 수 없는 물건이었다. 우스운 것은 사치품이 생활 속에 녹아들면 그 강한 힘이 안 보인다는 사실이다. 더 정확히 표현하자면, 그 힘이 없어지지는 않았다. 다만 사람들이 그것을 더 이상 귀하다고 생각하지 않는다. 남의 떡이 커 보였던 것이다.

살아남은 것과 사라진 것들

인간은 끊임없이 더 나은 것을 갈망한다. 신분 상승의 욕망은 늘 자신의 처지 위에 있는 것을 쳐다보게 만든다. 그런 문화와 물건들을 부러워하고 따라 한다. 이렇게 역사가 흐르며 사치품이 일상 속으로 들어오는 것은 자연스러운 일이다. 사치품의 생명력이 강한 이유는 이런 사회적 맥락만 있는 것은 아니다. 부와 권력을 가진 사람들은 아름다움에 실용성도 갖춰 주기를 요구했다. 이런 까다로운 취향과 그것을 맞추기 위한 장인들의 천재성이 만나 새로운 문화를 만들어 낸다.

사치품이 일상에 녹아들 때는 미감보다 기능이 더 도드라진다. 지금 일상에 살아남은 사치들은 겉만 번지르르한 것들이 아니다. 처음엔 부러운 마음에 따라 했을 것이다. 경험해 보고 '어 이거 괜찮네' 싶었을 것이다. 해봤자 별거 아닌 것들은 조금씩 잊혀졌을 것이다. 조선시대 유행했던 가체(加髢)는 크기가 클수록 고급품이었다. 무게가 너무 무거워 목이 부러지는 사고가 많이 났다. 비싼 가체는 기와집 몇 채의 가격이었다고 한다. 지금은 그 흔적도 찾아볼 수 없다.

요즘 우리가 명품으로 떠받들고 있는 것들 중에 어느 것이 살아남을까? 힘이 없는 것은 사라질 것이다. 힘이 센 것은 일상품으로 받아들여질 것이다. 없어지거나 일상품이 될 운명이라니, 허무한 느낌이다. 현대의 일상용품이 사치품이었던 옛날 사람들이 우리를 보면 어떨까. 그들이 보기엔 우리 모두 귀족의 생활을 살고 있다고 생각하지 않을까. 나름 귀족놀이를 하며 사는 것 같아 살짝 웃음이 난다.

책에서 본 스태퍼드셔 도그 인형에 완전히 매료되었다. 난로를 지키는 개라니, 거실 벽난로 옆에 두면 딱 맞을 것 같았다. 국내에는 찾아지지 않았다. 해외를 뒤졌다. 마음에 드는 디자인과 합리적인 가격을 맞추기 위해 한참을 검색했다. 에스토니아에서 적절한 물건을 하나 찾았다. 바로 주문했다. 직접 받아 보니 내 생각보다 훨씬 더 유쾌했다. 외양은 별로 있어 보이지 않는데, 왠지 모를 고급스러움이 느껴졌다. 난 귀족도 아니고 자본가도 아니다. 월급쟁이 노동자일 뿐이다. 그래도 중국 왕실에서 시작된 그 개의 힘이 아직 남아 있나 보다. 별 쓸모는 없지만 이런 노동자의 눈을 즐겁게 하는 걸 보니.

+α
소스타인 베블런(Thorstein Veblen)
: 과시소비

✸

사람들은 자신을 과시하려고 하는 성향을 조금씩 가지고 있다. 사회학자이자 경제학자였던 베블런은 이런 성향이 자본주의 사회 환경에서 누구나 당연하게 학습된다고 주장했다. 자본주의 계급사회에서 경쟁을 통해 성공하려면 내가 다른 사람보다 우월하다는 것을 보여 줘야 한다. 당연히 과시적 성향을 지니게 되고, 이것이 소비 형태로 드러난다는 것이다. 그의 이론은 『유한계급론』(有閑階級論, The Theory of the Leisure Class, 1899)이라는 저서와 거기에 설명된 '베블런 효과(Veblen Effect)'로 지금까지 영향력을 잃지 않고 있다.

베블런의 이론은 개인의 판단을 중시하는 신고전파 경제학에 대립된다. 그는 기존의 경제이론이 개인에 집중해서 사회적 맥락을 보지 않고 있다고 생각했다. 상식적으로 생각해 봐도 알 수 있는 말이다. 누구나 물건을 살 때 가격이나 효용 같은 합리적인 이유만 고려하지 않는다. 요즘 뭐가 유행인지 미디어나 주위 평판들을 생각한다. 베블런은 여기에 자신이 좀 더 우월하다는 것을 보여 주고 싶은 심리가 작용한다고 보았다. 경제력을 과시하려는 의도의 끝에는 딱히 일상적인 필요와 무관한 한가로움, 즉 '여가(leisure)'를 소비하는 계급이 등장한다. 이들이 이렇게 여가라는 한(閑)가로움을 가진(有) 계급, 즉 유한계급(有閑階級, Leisure Class)이다. 노동이 그리 필요 없이 한가로운 계급이란 의미이다.

유한계급은 야만사회에서부터 시작되었다. 이때는 힘으로 약탈을 해서 그 위치를 가질 수 있었다. 이때도 그 우월함은 낭비적 행태를 보여 주는 것으로 표현되었다. 권력자의 의도대로 생계와 무관한 전쟁을 벌이거나 식량 확보 목적이 없는 수렵활동을 나가거나 했다. 그러나 자본주의 사회가 발달하자 이런 식으로 우월함을 보여 줄 수 없게 되었다. 자본주의는 말 그대로 경제력이 뛰어날수록 사회적 위치가 높아진다. 따라서 과시적 소비 같은 낭비적 행태를 통해 우월함을 표현한다고 보았다. 필요한 것을 사는 행위가 아니라 돈, 즉 권력을 보여 줄 수 있는 것을 소비하게 된다. 이렇다 보니 가격이 더 비싸야 사는 현상이 나타난다. 남들과 다르다는 것을 보여 주기 위한 것이니 합리성과는 거리가 멀어진다. 이것이 바로 베블런 효과다.

문제는, 야만사회에서 이런 낭비적 소비가 피라미드 꼭대기의 일부 계급에 한정되었지만 자본주의가 득세한 이후에는 사회구조 전반으로 확대된다는 점이다. 인간은 항상 더 나은 계급으로 올라가려는 욕망을 가지고 있다. 경제력이 계급을 뜻하는 사회가 되었으니 자신보다 더 나아 보이는 사람들의 행태를 따라 과시소비를 하려고 한다. 그것을 통해 스스로 우월감을 가지려 한다는 것이다. 이것이 실패하게 되면 상실감을 느낀다. 사회가 발전하며 전반적인 생활수준이 높아지지만 이런 상실감이 만연하니 사는 것이 즐겁지 않을 수밖에 없다. 안타깝게도 수많은 사치품들은 일상용품이 되고 합리적 효용을 가지는 순간 과거의 역할을 잃는다. 인간의 욕망이 얼마나 크고 비합리적인지, 무섭기만 하다.

기분이 나쁠 땐
불량식품을
먹어야 한다

알코올에 절여진 젊음

부어라 마셔라 죽어라 하며 술을 배웠다. 적당히 마신다는 건 마시지 않겠다는 것과 같은 의미였다. 대학에 들어가 학과 모임이든 동아리 모임이든 모두 죽자고 술을 마셔 취했다. 이성의 끈을 놓고 인사불성이 되어야 잘 마신 술자리였다. 상대방의 망가진 모습을 확인했다는 안도감에서 나오는 것이었을까, 그렇게 '우리 모두 하나'라는 동질감을 얻으려 했다.

주머니가 무한히 가볍던 시절, 25도짜리 소주 한 잔에 김치찌개 한 숟가락 간신히 떠먹는 자리들이었다. 맥주라고는 물을 많이 타 밍밍한 생맥주가 표준이었다. 고기를 사주는 선배는 영웅이었고, 회를 사주는 사람은 신이었다. 변변치 않은 안주에 속이 깎여도 술 마시는 것 외에 별달리 할 것이 없던 때였다. 가진 돈이 다 떨어져도 주머니를 털어 길바닥에서 짱구 한 봉지에 소주를 깔 때까지 마시는 것이 보통이었다. 친구들이 취해 돈 없이 술이며 안주를 계속 시키는 것을 겪기도 했다. 이런 상황이 너무 싫었던 나는 술자리를 시작할 때 모두 얼마를 가지고 있나 체크하고 주문을 할 때마다 계산을 하며 마셨다. 예산이 다 떨어지면 자리를 해산시키는 게 내 일이었다. 어찌 보면 참 짠 내 나는 기억들이다.

회사에 취직을 하고 나서도 상황은 크게 달라지지 않았다. 먹는 술이나 안주가 좋아졌을 뿐 부어라 마셔라 죽어라 하는 음주법은 똑같았다. 입사해서 맨 처음 배정된 업무는 〈생방송 모닝와이드〉라는 프로그램을 제작하는 것이었다. 일주일에 한두 번씩 밤을 새서 프로그램을 준비하고 아침에 방송이 끝나면 마무리되는 스케줄이었다. 그러면 오전 아홉 시도 되기 전부터 술을 마시기 시작한다. '아침부터 어떻게?'라고 궁금해할지도 모르겠다. 그땐 방송국 바로 옆에 아침부터 술을 파는 식당이 꽤 있었다. 한창 지상파 방송이 잘나가던 시절이었다. 양주 폭탄주 정도는 마셔야 제대로 된 술자리였다. 그렇게 돈을 쓴다는데 마다할 장사꾼이 있을까? 폭탄주를 말아 빈속에 들이붓는다. 밤을 꼴딱 새서 온전하지 못한 정신은 알코올이 들어가며 완전히 녹아 버린다. 그렇게 해가 다시 질 때까지 마신다. 제정신인 것이 비정상인 술자리들이었다. 그것이 스트레스를 푸는 일이고, 끈끈한 인간관계를 만드는 지름길이라 믿었다.

하도 자주 가니 술집에선 언제나 VIP였다. 하루는 마시던 술이 떨어져 선배 PD가 "내가 남겨 놓은 위스키가 있으니 그거 받아 와라" 하고 시킨 적이 있었다. 거나하게 취해 카운터로 가 선배 술을 달라 했다. 내 얼굴을 빤히 쳐다보던 주인장은 씩 웃더니 "그 선배 이름으로 된 건 없고, 당신 이름으로 맡겨 놓은 건 있수다" 하며 반쯤 남은 위스키 한 병을 내밀었다. 맡겼던 기억이 전혀 나지 않았지만, 여튼 술이 있어서 좋았다.

폭탄주와 와인

주당이라면 누구나 좋은 술에 대한 궁금증이 있다. 어릴 때 가장 좋은 술은 발렌타인 30년산, 조니워커 블루라벨. XO 꼬냑이 대표했다. 누가 한 번 마셔 봤다 그러면 '우와' 하고 탄성을 지르며 무슨 맛이 나더냐, 궁금해하곤 했다. 소득수준이 그리 높지 않아 다양한 술을 팔지 않던 시절이었다. 위스키가 뭔지 꼬냑이 뭔지 구분도 못 했고 '양주'라고 통 쳐서 고급술로 생각했다. 원주 함량은 미미하고 주정에 물, 색소, 향료를 섞어 만든 캡틴큐, 나폴레온 등의 기타재제주도 양주라고 팔리던 시절이었다. 이러니 요즘엔 이름도 듣기 힘든 패스포트, 썸씽 스페셜 같은 스탠다드급 위스키가 풀릴 때 '고급양주' 대접을 받았다.

웃픈 것은 아무리 고급 대접을 받아도 병을 딸 때까지일 뿐이고, 모두 맥주에 섞어 먹는 용도로 소비됐다는 사실이다. 패스포트건 발렌타인30이건 차이가 없었다. 양주는 폭탄주에 타 먹는 술일 뿐이었다. 나중엔 아예 맥주에 타 먹으면 맛있는 블렌딩으로 위스키가 출시되었다는 얘기가 들렸다. 맛은 차치하고 '나 이런 것 먹는 사람이다'라는 기분을 내는 것이 중요했다. 주량 경쟁을 하고 같이 취해 니나노 하면 그만이었다. 이렇다 보니 좋은 술을 제대로 즐기는 일은 쉽지 않았다. 다양한 술을 구할 수도 없었고, 그 맛에 집중해서 함께 즐길 수 있는 자리는 더더욱 만들기 어려웠다.

와인이 유행하며 이런 분위기가 조금씩 바뀌었다. 미친 듯이 마셔 대는 음주법과 맞지 않았기 때문이다. 와인은 아무 생각 없이 막 먹기가 어려웠다. 포도 품종별, 산지별로 맛이 천차만별이고 가격도 저렴한 것부터 수백만 원대까지 너무도 다양했다. 자신의 취향이 없으면 골라서 마시기가 어려워졌다. 물론 와인이 보급되기 시작하던 때에 와인 폭탄주(!)가 없었던 것은 아니다. 하던 버릇들이 있으니 양주건 소주건 타서 먹는 시도가 있었다. 하지만 마셔 보면 안다. 와인 폭탄주는 맛이 없다. 와인도 버리고 타는 술도 버리는 바보짓이다.

와인은 폭탄주 문화와 결별을 하고 독자적인 길을 간다. 고급스러운 취향이라는 배경을 깔고 우아한 술 문화를 만드는 이미지를 획득한 것이다. 매체에서 이런 분위기를 더욱 강화했다. 뉴스, TV, 책, 만화 등 여기저기서 와인에 관한 정보를 쏟아 냈다. 바디감, 부케, 떼루아, 마리아주 등등 처음 듣는 용어들이 등장했다. 만화 『신의 물방울』을 읽고 나면 와인 한 잔에 주변이 꽃밭이 되고 지평선에서 해가 뜨는 황홀경을 느낄 수 있을 것만 같았다. 좋은 와인을 고르고 적절한 맛 표현을 할 줄 알며 어울리는 식사를 선택할 수 있는 능력이 교양인의 상징인 것으로 평가됐다. 단지 취하려고 마시던 술이 섬세한 감각을 요구하는 음식으로 변화했다. 경쟁적으로 다양한 와인이 팔리기 시작했다. 이 추세는 점점 확장되어 맥주, 위스키, 화이트 리커 등 모든 분야의 술에 다양한 취향을 반영하는 시장으로 변해 갔다.

취향을 찾아서

직업을 얻어 돈을 벌고, 다양한 술이 쏟아져 나오니 내 세상이 열린 것 같았다. 제일 먼저 파고든 것은 와인이었다. 열심히 책들을 읽고 궁금한 와인을 마셨다. 포도 품종별 특성을 알고 어울리는 음식을 찾는 것이 첫 단계였다. 이후 내게 더 맞는 와인 제조사를 외우고 적절한 가격대의 와인을 때에 맞춰 고를 수 있게 하는 것이 그다음 목표였다. 저렴한 마트 와인부터 전문 셀러들이 파는 고급 와인까지 한참을 마셨다.

그렇게 몇 년을 지냈을까, 문득 허무함이 찾아왔다. 내가 정말 맛을 중심으로 와인을 고르고 있는 게 맞나 싶은 의문이 생겼다. 비싸고 유명하다고 나에게 맞는 것이 아니었다. 싼 마트 와인에서도 내 베스트 초이스가 있었다. 내게 가격 대비 만족감 함수는 S자 모양이었다. 2만 원짜리 와인보다 두 배 비싼 4만 원짜리 와인이 주는 만족이 가격처럼 두 배라고 해보자. 내게 이 차이는 가격이 높아질수록 적어진다. 8만 원 와인은 4만 원에 비해 커봐야 1.5배 만족감이랄까. 가격이 더 올라가면 그 차이는 더 줄어든다. 16만 원짜리 와인이 8만 원짜리보다 더 좋다는 것을 알겠지만, 그 차이는 미미하게 느껴졌다. 그럼 나는 4만 원짜리 와인을 4번 마시는 것이 더 낫지 않을까? 내가 고급한 이미지 소비에 눈이 멀어 있는 건 아닐까? 맛도 잘 모르면서 최고급 와인을 들여다보는 내가 한심해 보였다.

이때쯤 시작한 것이 싱글몰트 위스키였다. 와인처럼 다양한 개성을 지닌 싱글몰트는 내게 신세계를 열어 줬다. 병을 오픈한 후 남기기 어려운 와인과 달리 위스키는 두고 마셔도 크게 변질이 안 된다는 장점이 있다. 마음껏 사서 언제든 비교하며 마실 수 있다. 싱글몰트 위스키가 대중에게 알려지기 전이어서 블렌디드 위스키보다 가격도 더 저렴했다. 하이랜드, 스페이사이드, 캠벨타운, 아일레이 각지의 위스키를 사 모았다. 여러 가지를 마시며 몰트, 피트, 캐스크의 특징을 가려내는 것도 큰 즐거움이었다. 술의 색상과 점도, 향과 맛, 목 넘김까지 조금씩 이해도가 높아지는 것도 좋았다.

주류 관련 자격증 공부를 하면서 더 다양한 술들을 다루고 마셨다. 스카치 외에 다른 지역 위스키도 다양하게 마셨다. 보드카, 진은 칵테일에 따라 가장 맛있는 것을 고를 수 있게 되었다. 럼과 데킬라는 마시는 방법에 따라 종류별로 사 모았다. 좋아하는 칵테일을 만들기 위한 리큐르도 몇 가지는 항상 구비하게 되었다. 내가 원할 때 원하는 맛의 술을 골라 마실 수 있는 취향의 발견, 지금도 내게 가장 큰 즐거움의 원천이다.

버번과 불량식품

위스키는 여러 기준으로 분류할 수 있다. 보리에 싹을 틔운 맥아로만 만든 것을 몰트(malt)위스키, 그 이외의 곡물로 만든 것을 그레인(grain)위스키라고 부른다. 이 둘을 섞으면 발렌타인, 조니워커 같은 블렌디드 위스키가 된다. 한 증류소에서 난 몰트위스키만으로 만든 술을 싱글몰트라고 부른다. 글렌리벳, 맥켈란, 글렌피딕 같은 것은 다 술이 나온 증류소의 이름을 붙인 것이다. 증류소별로 개성이 강해 취향에 따라 골라 먹는 즐거움이 있다.

만든 지역에 따라서 분류하기도 한다. 스카치, 아이리쉬, 재패니즈, 아메리칸 위스키가 제일 큰 구분이다. 말 그대로 스코틀랜드, 아일랜드, 일본, 미국에서 만드는 위스키이다. 이 아메리칸 위스키 중에서 켄터키 주에서 만드는 위스키를 버번위스키(Bourbon Whiskey)라고 부른다. 이 이름은 미국 독립 전쟁 당시 프랑스가 도와줬다는 사실을 기념해서 프랑스 왕조인 부르봉(Bourbon) 왕가의 이름을 따서 붙였다고 한다.

버번위스키가 되기 위해서는 몇 가지 규정을 따라야 한다. 원료로 최소 51% 이상의 옥수수를 사용해야 하고, 반드시 불에 태운 새 오크통만을 이용해야 하며, 물 외 조미료나 색소 등 어떤 첨가물도 넣지 않아야 한다. 흔히 마시는 스카치위스키는 맥아의 맛이 강하고, 특정 포도주나 술을 담갔던 통 속에 숙성시켜 그 향을 입히는 경우가 많다. 옥수수와 새 오크통의 맛으로 승부하는 버번위스키는 완전히 다른 성격이 될 수밖에 없다.

난 기분이 나쁠 때 버번위스키를 마신다. 내겐 불량식품을 먹는 듯한, 금지된 즐거움 같은 것을 느끼게 해준다. 싱글몰트 위스키는 종합적인 감각을 동원해 맛을 보게 된다. 고소함, 훈연향, 단맛의 정도, 사용한 캐스크의 향 등을 구분하고 그 조화에 대해 생각한다. 버번은 좀 다르다. 복잡한 느낌이 아니라 아주 직설적으로 다가온다. 옥수수의 쨍한 단맛이 치고 들어와서 강한 알코올에 녹아든 참나무 향을 코에 쏘고 짜르르하게 넘어간다. 싱글 몰트가 잘 차려진 식사 같은 느낌이라면, 내게 버번은 강렬한 불량식품 같은 느낌이다.

꼬맹이 시절 학교 앞 문방구에서 본드풍선이라는 걸 팔았었다. 조그마한 튜브와 빨대를 함께 파는 물건이었다. 빨대 한쪽 끝에 꾸덕한 튜브 내용물을 조금 짜서 붙이고 빨대를 불면 풍선처럼 불어나는 장난감이었다. 가장 중요한 특징은 본드 냄새가 아주 강하게 난다는 것이다. 풍선을 부는 재미도 있었지만, 어디서도 느낄 수 없는 강렬한 후각체험이 신기해서 사는 물건이었다. 당연히 몸에 안 좋았을 테고, 당연히도 나중에 판매가 금지되었다.

버번을 처음 마셨을 때 어디서 익숙한 향이 난다고 느꼈었다. 난 그 향이 어릴 적 각인된 저 본드풍선의 냄새가 소환된 것이라는 것을 곧 깨달았다. 동시에 문방구에서 코 묻은 돈을 유혹하던 수많은 불량식품들이 생각났다. 아폴로, 쫀디기 등 색깔도 화려하고 이상한 맛이 나는 것들이었다. 과자가 별로 다양하지도 않았고, 동전 몇 개로 사 먹을 수 있는 건 그런 불량식품뿐이었다. 하지만, 불량식품을 사 먹었던 이유가 더 있었다. 금지된 영역을 넘어가 보는 쾌감을 줬다. 어른들은 그렇게 먹지 말라 혼냈고 훗날 한 대통령이 4대 사회악이라고까지 지목한 놈들. 아이들이 코 묻은 돈을 들고 가 몰래 탐닉하던 팜므파탈 같은 음식들. 금지된

향과 맛의 추억, 그리고 그것을 합법적으로 들이키고 있는 어른이 된 나. 묘한 쾌감이 일어난다.

허용된 금기의 즐거움

싱글몰트에 대해 내 취향을 알고 적당한 것을 고를 수 있게 될 때쯤 갑자기 가격이 폭등했다. 좋은 것은 다 소문이 나는 법이라 너도나도 싱글몰트를 찾게 되면서부터다. 증류소의 공급량도 달리고, 원재료로 사용하는 쉐리캐스크의 공급이 부족해서 원가가 높아졌다고 한다. 유명세를 탄 싱글몰트들은 쳐다보기도 어려운 가격에 판매되고 있다. 이미 취향 검증을 끝낸 것이 다행이다 싶다. 가성비 좋은 싱글몰트와 불량식품 같은 버번을 쟁여 놓고 기분에 따라 먹을 수 있으니까.

어차피 취하려고 마시는 술이면 사실 주종은 큰 의미가 없다. 소주만 마셔도 취하고 발렌타인30을 맥주에 말아 먹어도 취하는 건 똑같다. 한국은 취한 사람들에게 관대하다. 성장을 위해 미친 듯이 달리던 시절, 술은 허용된 마약이지 않았을까 생각한다. 그렇게라도 어려운 현실을 잊어야 다음 날을 살 수 있었다. 국가에서 허용한 금기가 있어서 고단한 삶을 이어 나갈 수 있지 않았을까. 죽도록 마셔야 죽지 않고 일하는 아이러니한 세상이었다. 그렇게 생긴 주당의 역사가 조금씩 바뀌고 있다. 취하도록 마셔도 좋지만, 이젠 적당히 마셔도 되는 사회가 되었다. 유행 따라 우아하게 술을 즐기는 것도 좋다. 하지만 자신만의 허용된 금기를 찾는 재미 또한 쏠쏠하다. 세상에 불만이 생겼을 때 금기를 건드리는 반항심을 소심하게라도 즐겨 보시는 건 어떨지?

+α

임마누엘 칸트(Immanuel Kant)
: 취미판단

✸

무엇보다 먼저, 알려 드린다. 칸트의 취미판단(Geschmacksurteil)은 우리가 생각하는 취미 얘기와 완전히 다르다. 독일어 Geschmack은 맛이나 취미, Urteil은 판단, 평가, 판단력을 뜻하기는 한다. 하지만 칸트는 이 용어를 '순수한 아름다움을 판별해 내는 능력'을 말하는 데 썼다. 이 말은 칸트의 『판단력비판』에 나온다. 그는 세 개의 비판서를 저술했다. 『순수이성비판』에서는 인간은 무엇을 알 수 있는지, 즉 지성을 고찰했다. 『실천이성비판』에서는 인간은 무엇을 해야 하는지, 즉 윤리를 말한다. 그리고 마지막으로 무엇을 희망해도 좋은지를 설명하기 위해 인간의 미적 감성에 대한 『판단력비판』을 적었다. 멋지지 않은가, 인간의 희망을 말하며 아름다움을 논하다니.

칸트에 따르면 자연을 인식하는 순수이성과 의지를 가지고 움직이는 실천이성은 일치하지 않는다. 지성과 윤리 사이엔 어쩔 수 없는 거리가 있다는 의미이다. 그는 이 둘 사이의 간극을 채워 주는 것이 감정, 즉 좋고 싫음을 판단하는 능력이라고 생각했다.

칸트는 이것을 판단력이라고 이름 붙였다. 진(眞)과 선(善)을 조화롭게 이어 주는 것이 미(美)라는 것이다. 그는 조화로운 미의식으로 진과 선을 얻는 희망을 가질 수 있다고 말한다.

칸트는 판단력을 객관성을 가진 규정적 판단력과 주관적인 성질의 반성적 판단력으로 나눴다. 미적 판단력, 즉 취미판단은 당연히도 반성적 판단력에 속한다. 그는 취미판단을 성질, 분량, 관계, 양상 등 4가지 계기를 통해 정리한다. 첫 번째로, 취미판단은 무관심성을 가져야 한다. 예를 들어 식욕, 성욕, 물욕을 위한 아름다움은 진정한 미가 아니다. 외부의 개입 없이, 즉 특별히 의도된 관심이 없어야 진정한 아름다움이다. 두 번째로, 주관적 보편성을 지녀야 한다. 내가 아름답다 여길 때 누구나 그렇다고 여길 수 있어야 한다는 것이다. 세 번째로, 목적 없는 합목적성을 지녀야 한다. 내가 아름답다고 여길 이유가 없는데도 그렇게 느껴져야 한다는 것이다. 네 번째로 주관적 필연성을 가진다. 대상이 아름답다고 여길 때 사람들에겐 누구나 그렇게 느끼는 '공통감'이 있다는 것이다. 이런 취미판단을 통해 인간은 미(beauty)와 숭고(sublime)라는 두 가지 아름다움을 느끼게 된다.

아무리 쉽게 적으려 해도 어렵다. 일견 모순적인 주장으로 점철되기 때문이다. 그래도 무리하게나마 요약하면 이렇다. 진정한 아름다움은 우리 모두 가진 공통적인 감각으로 아무 목적 없이 언제 누가 봐도 그렇게 느껴져야 한다는 의미이다. 대상이 어떻든, 인간이 그렇게 인식하도록 되어 있다는 말이기도 하다. 참으로 이상적인 얘기다. 저렇게 느껴지는 아름다움에 어느 누가 반박을 할 수 있겠는가.

   칸트의 취미판단으로는 가격으로 평가되는 작품, 섹시한 대상, 미식의 즐거움은 아름답지 못하다. 각자의 취향이 중요한 현대적 미감을 설명하지도 못한다. 그래도, 그의 취미판단 이론이 중요한 이유는 분명하다. 우리가 생각하는 궁극의 아름다움을 냉철한 철학적 사유로 낱낱이 정리해 놓았기 때문이다. 누구라도 순수한 미의 가치를 고민한다면, 칸트의『판단력비판』을 읽어 보라 권하고 싶다. 물론, 읽으며 머리에 쥐가 날지도 모르니 각오는 단단히 하시길.

나만의 것

남편이 가져서는 안 되는 취미

 가정이 있는 남자가 가지면 곤란한 취미들이 있다. 카메라, 오디오, 자동차 같은 것들이다. 일단 시작만 해도 들어가는 돈이 엄청나다. 아무 생각 없이 쓸 수 있는 액수가 아니다. 기본 장비만 구비해도 기백만 단위는 쉽게 깨진다. 거기서 끝나지 않는다. 딸린 액세서리들이 무한정 많다. 부속 장비라고 싸지도 않다. 꼭 필요해 보이는 식구들만 사 모은 것 같은데도 배보다 배꼽이 더 크게 되어 있기 일쑤다. 더 큰 문제는 한 세트를 갖추고 나서도 멈출 수 없다는 것이다. 사놓고 쓰다 보면 더 좋고 비싼 것이 눈에 들어오기 때문이다.

 DSLR이라고 부르는 렌즈 교환식 카메라는 저렴한 입문용 세트를 구비하는 데도 최소 200~300만 원은 생각해야 한다. 처음엔 그것만으로도 행복하다. 조금 쓰다 보면 더 멀리 찍을 수 있는 망원렌즈나 더 넓게 찍을 수 있는 광각렌즈 같은 것들이 필요해진다. 괜찮은 놈들은 하나에 수백만 원씩 돈이 든다. 하나 사고 또 사고를 반복한다. 사진에 익숙해지면 더 나은 카메라를 갖고 싶어진다. 슬슬 하이엔드급 라이카 카메라가 눈에 밟힌다. 렌즈 없이 바디만 천만 원 이상 줘야 한다. 렌즈도 괜찮다 싶으면 천만 원이 넘어가는 브랜드다. 시작은 미미해도 그 끝이 심히 창대해지는 문제가 생긴다.

　오디오는 좀 듣는다 하면 수억씩 돈이 들어간다. 장비값만 그렇다. 앰프, 스피커, 플레이어 등 갖가지 장치들을 사 모은다. 이것들을 궁합에 맞춰 실험하길 수없이 반복한다. 업그레이드가 끝이 없다. 나중엔 더 나은 음악을 듣기 위해 집을 고친다. 방음시설을 하고, 스피커의 각도에 맞게 방의 구조를 바꾼다. 자동차는 말할 것도 없다. 구매 비용이 수천만 원에서 억대에 이른다. 조금 타다 새 차로 바꾸는 것을 멈추지 않는 사람이 많다. 차의 성능을 올리는 튜닝에 취미를 가져도 온갖 돈이 들어가는 것은 마찬가지다. 내 한 몸만 건사해도 되는 남자들이라면 자기 멋에 그럴 수 있다. 하지만, 가계를 책임지는 가장이라면 얘기가 달라진다. 밥 먹을 돈으로 렌즈를 산다면 문제 아니겠는가. 가세가 기우는데 취미에 미쳤다면 큰일이 난다.

남자의 시계

　시계를 취미로 가지는 것도 곤란하다. 남자 시계가 다양해진 것은 그리 오래되지 않는다. 옛날엔 배터리로 움직이는 튼튼한 쿼츠시계를 브랜드에 구애받지 않고 차고 다니는 것이 보통이었다. 좋은 시계는 결혼할 때 하나 사는 예물 정도였다. 롤렉스, 오메가 정도면 평생을 두고 쓸 최고급 시계로 생각했다. 소득수준이 올라가며 조금씩 달라지기 시작했다. 장사하는 사람들이 남자도 패션에 돈을 쓰기 시작했다는 사실을 모를 리 없다. 세계적인 시계 브랜드들이 들어오기 시작됐다. 예전엔 상상도 하지 못했던 초고가 시계가 매장을 장식하게 되었다. 사실 남자들에게는 액세서리라고 부를 수 있는 것이 거의 없다. 경제적 여유가 있다고 나이 지긋한 남자가 보석이 박힌 귀걸이나 목걸이를 하고 다니는 것은 흔한 일이 아니다. 이러니 자잘하게 돈을 쓰지 않고 시계에 집중해서 돈을 쓰게 된다.

　시간을 보기 위해서라면 비싼 시계를 살 필요가 없다. 시간은 핸드폰이 더 정확하다. 좋은 시계를 찾는 남자에게 그것은 단순히 시간을 표시하는 기계가 아니다. 고급시계는 시간의 오차를 줄이기 위해 노력한 백 년 넘는 노하우가 쌓인 기술의 결정체다. 그리고 그 섬세한 부품들을 장인이 손수 조립한다. 기술적 완성도가 예술의 경지에 가까운, 귀한 물건이다. 주변에서 백 년 넘게 운영된 공방, 그리고 그곳에서 만들어진 작품 수준의 물건을 떠올려 보라. 그게 얼마나 어려운 일인지, 그 작품이 얼마나 귀한 것일지 쉽게 납득이 갈 것이다.

　시계의 가격은 천차만별이다. 몇 만 원짜리 디지털시계도 있지만 수억을 호가하는 최고급 명품도 있다. 시계가 한참 유행을 하니 브랜드 등급 논쟁이 생겼다. 가장 고급인 1티어(tier)부터 아래로 등급을 매긴다. 평가하는 사람들마다 조금씩 다르지만, 1티어에 거의 빠지지 않는 두 개의 브랜드가 있다. 파텍 필립(Patek Philippe)과 바쉐론 콘스탄틴(Vacheron Constantin)이다. 파텍 필립은 가장 저렴한 칼라트라바 모델이 5천만 원 정도부터 시작한다. 바쉐론 콘스탄틴의 입문용 모델인 패트리모니는 최소 3천만 원 후반대는 생각해야 한다. 수십 개의 명품 브랜드가 등장하는 이 분류에서 롤렉스는 3등급 정도로 취급된다. 수백만 원을 줘야 사는 전통의 예물 시계가 2등급에도 못 끼는 것이 남자 시계 시장이다.

고가품이다 보니 마케팅도 교묘하고 촘촘하게 되어 있다. 저 정도 돈을 쓰게 하려면 보통 유혹으로는 불가능할 일이다. 유명인들이 미디어에 나올 때 초고가 시계를 차고 나온다. 잡지엔 그 시계만 차면 당장 재벌가 자제로 보일 것만 같은 이미지의 광고들이 줄지어 나온다. 패션에 조금만 관심이 있는 남자라면 눈이 돌아가고도 남는다. 저걸 차야 어디 가서 명함을 내밀 수 있을 것만 같은 불안함을 심는다. TPO, OOTD라는 그럴듯한 말로 상황에 맞는 여러 개를 사게 유혹하는 것은 덤이다.

개발의 편자

시계에 관심이 없었다. 매일 험한 데에 가서 촬영하는 일에 고급시계는 당치도 않은 것이었다. 결혼할 때 예물 시계도 하지 않았다. 그게 뭐 필요하겠나 싶었다. 이렇게 방송 제작으로 한참을 바쁘게 살다가 업무가 바뀌었다. 사람을 만나야 하는 일이었다. 복장도 아무렇게나 할 수 없었다. 상황에 맞게 입을 수 있도록 옷과 액세서리를 갖춰야 했다. 쇼핑을 할 여러 핑계들이 생겨난 셈이다. 평생 입지 않던 옷도 사야 하고, 쇼핑할 시간도 생겼으니 얼마나 절묘한가. 한꺼번에 큰돈을 쓸 일은 별로 없어도 자잘한 쇼핑이 계속되었다. 그렇게 가던 길 끝에 시계가 떡 하니 있었다.

이름이 좀 알려진 시계 중에 월급쟁이가 편히 살 수 있는 것은 없다. 파텍 필립은 귀족이나 차는 시계다. 월급쟁이가 손목에 자동차 한 대, 빌라 한 채를 얹고 다니는 것은 미친 짓이다. 그렇다고 몇 달치 월급을 탈탈 털어서 사야 하는 롤렉스가 만만할 리 없다. 그림의 떡들이다. 사도 개발의 편자 신세를 면하지 못할 것이다. 시계 '만' 명품인 꼴은 상상만 해도 민망한 일이다.

그렇다고 시계에 대한 관심을 놓진 못했다. 정장을 입는데 알록달록한 플라스틱 시계를 차는 것은 피하고 싶었다. 내가 찾은 대안은 빈티지 시계였다. 가까이는 20년, 멀게는 40~50년 정도

전에 만들어진 물건들이다. 요즘 유행하는 화려한 시계와 달리 단순하고 고전적인 스타일이 많다. 다행히 내 취향과 잘 맞았다. 흔히 볼 수 없는 디자인이어서 독특한 매력을 갖출 수 있었다. 오래된 물건이니 당연히 가격도 지불할 만큼은 됐다.

나름 합리적인 가격이었지만 애석하게도 나라는 인간까지 합리적이지는 못했다. 살만한 가격이라는 생각에 하나면 될 것을 두 개 세 개 사들인 것이다. 점잖은 시계를 사보니 반팔 티셔츠를 입을 때 어울리는 시계도 사고 싶어졌다. 갈색 밴드의 시계가 있으니 블랙 밴드의 시계도 있었으면 했다. 예쁜 색 숫자판을 가진 시계에 시선을 빼앗기기도 했다. 더 안타까운 것은 개발의 편자, 명품 시계를 계속 기웃거리는 내 모습이었다. 이성은 '저건 아냐'라고 이미 결론을 내렸다. 하지만 볼썽사납게 꿀 떨어지는 눈으로 시계를 쳐다보는, 겉과 속이 다른 나를 자꾸 만나고 있었다.

예지동의 시계장인들

뭔가 특별한 것이 가지고 싶었다. 지갑이 얇으니 방법을 찾아야 했다. 나만의 시계를 만들기로 했다. 빈티지 시계를 사고 수리하면서 서울에 수많은 시계 장인이 있다는 것을 알게 되었다. 종로 4가 인근 예지동에 가면 못 할 것이 없다. 헌 시계를 새 것처럼 광을 낼 수 있다. 모든 부품을 분해해서 이상이 없는지 살펴볼 수도 있다. 원하는 대로 색을 바꿀 수도 있다. 가죽 줄을 금속 줄로 바꿔 맞출 수도 있다. 백화점이나 해외의 수리점에 맡기면 수십, 수백만 원 들 일을 몇 만 원이면 해결할 수 있다. 한국사람 솜씨 좋은 것은 세계가 안다. 예지동 장인들의 능력치는 세계구급이라고 장담한다. 이러니, 내가 원하는 시계를 만들려면 방향만 잡으면 되는 일이었다.

미국에 부로바(Bulova)라는 시계 메이커가 있다. 지금은 예전 같지 않지만 내 아버지 세대에는 예물 시계 대접을 받은 브랜드다. 과거엔 롤렉스 디자인을 오마주해서 거의 똑같은 모양으로 만들어졌었다. 이 중 날짜와 요일이 모두 나오는 모델을 슈퍼세빌이라고 부른다. 마음에 들었다. 이것을 내가 원하는 디자인으로 바꾸리라. 중고시장을 뒤져서 괜찮은 것을 찾기 시작했다. 얼마쯤 검색했을까, 줄도 없고 시간도 맞지 않으니 저렴하게 가져가라 올려놓은 것을 발견했다. 당장 주문해서 받았다. 너무 낡아서 케이스에 흠집도 많고 시계의 흰 판도 얼룩져 있었다. 그래도 괜찮았다.

시계를 들고 예지동으로 향했다. 두근거리는 마음으로 수리점 문을 열었다. 시계를 받은 사장님은 뒤판을 열고 상태를 살폈다.

장치 자체엔 이상이 없단다. 너무 기뻤다. 바로 원하는 바를 말했다. "겉은 황동(사장님은 '신쭈'라고 표현했다)으로 도금해 주십시오. 글자판은 짙은 초록색으로 칠해 주십시오. 부품을 모두 분해해서 수리('오버홀overhaul'이라고 한다)해 주십시오. 시간이 맞지 않으니 그것도 잡아 주십시오." 얘기를 다 들은 사장님은 이걸 얼마 줬냐고 되물었다. 가격을 듣더니 그것보다 수리비가 더 나올 것 같은데 괜찮냐고 했다. 당연히 괜찮았다. 그렇게 수리를 맡기고 기대에 찬 마음으로 돌아왔다.

수리를 하는 동안 난 시계줄과 버클을 구매했다. 고급시계에 맞게 악어가죽을 쓰고 싶었다. 시계판을 짙은 초록색으로 한 만큼, 줄도 같은 색으로 맞추고 싶었다. 국내에는 내가 원하는 것이 없었다. 또 세계의 인터넷을 이 잡듯 뒤졌다. 시계의 사이즈에 맞으면서 색상과 재질까지 맞추긴 쉽지 않았다. 한참을 헤매다 베트남 매장을 발견해 주문했다. 시계 버클도 원래 브랜드 것을 쓰고 싶었다. 부로바 부품을 파는 곳을 찾아 사이즈에 맞는 금색 버클을 주문했다.

며칠이 지났다. 장인의 손길은 역시 달랐다. 내 마음에 쏙 드는 시계가 완성되었다. 멀리서 온 줄과 버클까지 채우니 더할 나위가 없었다. 세미 정장 스타일에도 어울리고 캐주얼 복장에도 맞추기 좋은 시계가 완성되었다. 너무 기뻤다. 세상 어디에도 없는 나만의 시계를 가지게 된 것이다.

아우라

어찌 보면 참 쓸데없는 짓을 한 것도 같다. 시계 그게 뭐라고 저렇게까지 할 일인가 싶다. 그래도 저 시계를 완성하기 위해 많은 것을 하며 애정이 생겨 버렸다. 소유욕으로 촉발된 일이었지만 결이 다른 애정이다. 시계를 리폼하며 창작의 즐거움을 느꼈다. 기성품에 손을 좀 댄 것뿐이지만, 꽤 많은 영감을 짜내야 하는 과정이었다. 시간도 맞지 않고 흠과 얼룩으로 덮인 시계를 보고도 아무렇지 않았던 것은 새로운 것을 만들어 낸다는 즐거움이 있었기 때문이었다. 그 쓸데없는 짓이 모여 세상에서 유일한 것이 되었다.

그 결과물이 예술작품은 아니지만, 내겐 아우라가 느껴진다. 기술복제시대에 만들어진 대량 생산물이 역으로 새로운 오브제로 재탄생된 것이다. 벤야민(Walter Benjamin)이 들으면 비웃을지도 모르겠지만, 그가 말한 아우라(Aura)의 정의와 너무도 들어맞는다. 기술복제시대에 예술작품의 가장 중요한 가치는 유일무이한 현존성이다. 그 유일무이함은 복제하기 어려운 아우라를 만들어 낸다. 예술적 완성도를 떠나서, 내 시계도 유일무이한 현존성을 가지게 되었다. 그 자체로 내게 귀한 아우라를 느끼게 해준다. 어설픈 창작자가 대량 생산된 부품들을 모아 남의 기술을 빌려 만든 시계다. 내 노력에 눈이 멀어 과한 평가를 하고 있는 것일 수도 있다. 그래도 괜찮다. 내가 만들어 낸 아우라가 나 스스로를 이처럼 만족시키는데, 무슨 설명이 더 필요할까.

내 안의 속물근성

나만의 시계를 가졌다고 내 속물근성이 없어질 리는 없다. 지금도 가끔씩 그 멋진 편자들을 쳐다보면서 헛된 꿈을 꾼다. 머리로는 당치 않음을 안다 해도 마음에서 나오는 욕망을 다 누를 수는 없는 일이다. 돈으로 해결되지 않는 욕망을 다른 방식으로 풀어낸 것이기도 하다. 그래도 저 시계를 만들면서 느꼈던 설렘은 지금도 기억난다. 시계를 찰 때마다 세상에서 유일한 것을 가진 뿌듯함이 느껴진다. 내가 사들인 시계들을 다 처분한다 해도 저놈 하나는 가지고 있을 것 같다. 확실히 저 노력을 들인 이후 시계에 대한 호기심이 많이 없어졌다.

물론, 여전히 세상에는 좋은 것, 예쁜 것이 너무 많다. 아마 앞으로도 멋진 시계를 꼼꼼히 뜯어보고 있을 것이다. 주머니 사정이 허락하면 가끔은 괜찮은 시계를 살 수도 있다. 그러면 어떤가, 빚내서 사는 것도 아닌데. 마음에 드는 것을 사서 즐기는 재미가 있다. 있는 것을 없다고 할 수는 없지 않은가? 나는 앞으로도 욕망을 부정하지는 않을 것이다. 그렇다고 과욕을 부릴 생각도 없다. 내 마음 깊은 곳에 있는 이 속물근성과 적절히 타협하며 내 길을 갈 것이다.

+α
발터 벤야민(Walter Benjamin)
: 아우라

✸

　말로 설명하기 어려운 고고한 기운을 느낄 때가 있다. 만나 보면 왠지 모르게 영혼의 힘이 느껴지는 사람을 만난다. 예술작품에서 알 수 없는 분위기가 뿜어져 나온다. 우리는 이런 기운을 아우라(Aura)라고 얘기한다. 서구 문화에서는 전통적으로 종교적인 신성함을 표현할 때 이 말을 썼다. 성화 속 예수님의 머리 뒤편에 동그랗게 그려진 후광이 이 아우라를 시각화한 것이다.
　독일의 철학자 벤야민은 전통적인 예술의 가치를 아우라로 설명했다. 1936년 발표한 『기술복제시대의 예술작품』(Das Kunstwerk im Zeitalter seiner technischen Reproduzierbarkeit)에서 기술발전이 충격을 주는 세상 속 예술이란 무엇인가에 대한 통찰을 보여 줬다. 사진이 발명되어 작품을 손쉽게 복제할 수 있는데, 예술의 가치는 무엇이란 말인가? 여기서 벤야민은 예술작품은 본질적으로 미묘하고 고유한 개성을 가진다고 봤다. 이 개성이 고고한 분위기를 풍기게 되는데, 이것이 아우라다. 아우라는 작품이 복제품과 다른 자율성을 가지고 품위를 유지하게 하는 힘이다.

그는 예술이 과거 신을 숭배하던 의식에서 나왔기 때문에 아우라를 가진다고 말한다. 처음 예술이 탄생할 때 작품들은 마술적인 의식(magisches ritual)에 사용되었다. 예를 들면, 우리는 고고학 발견을 통해 동굴벽화에 사냥감을 그려 놓고 창을 던졌다는 것을 알고 있다. 이런 동굴벽화 같은 예술작품이 발전하여 종교적 의미를 지니게 된다. 작품 자체가 신앙의 대상이 되기도 한다. 그런데, 기도의 대상이었던 절대적 신성은 원래 닿을 수 없는 먼 곳에 있다. 작품에 신성이 담긴다는 말을 달리 설명하면, 멀리 있던 것, 즉 신성이 개별 작품으로 구체화되어 사람이 감각해 낼 수 있는 영역에 존재한다는 의미다. 하지만, 작품이 물리적으로 가까운 위치에 있어도 거기에 담긴 신성함 때문에 접근할 수 없는 신비함을 느낀다. 벤야민은 이런 현상을 '예술작품에는 아주 먼 것이 일회적으로 아주 가깝게 나타난다'고 표현한다. 일회적이라는 것은 작품에 유일한 모습으로 담긴다는 의미다. 이것이 예술작품이 가지는 유일무이한 현존성이다. 그리고 이 성질이 관찰자에게 작용하는 은밀한 교감(Korrespondenz)을 아우라라고 정의한다. 즉, 작품이 유일하게 가지고 있는 심오한 성질이 그걸 보는 사람에게 표현하기 힘든 고고한 분위기를 전달한다는 말이다.

벤야민은 기술의 발전이 예술에 본질적 변화를 초래한다고 보왔다. 사진의 발달은 회화의 아우라를 붕괴시킨다. 그러나, 그는 이 붕괴가 예술을 발전시킨다고 생각했다. 아우라는 기득권이 가지는 소수의 가치인데, 사진기술의 발달은 예술의 대중성을 이끌어 민주적인 상태가 되도록 한다는 설명이다. 예술가들도 과거 회화가 짊어지고 있던 충실한 재현의 의무에서 벗어날 수 있다고 보았다. 눈으로 보는 세상과 닮게 그려 내는 것은 사진이 할 수 있으니 회화는 또 다른 예술적 가치를 가질 수 있게 해방되는 것이다.

  기술이 발전하여 이젠 AI가 예술작품을 만드는 세상이 되었다. 기술 복제가 아니라 기술 창조의 시대가 된 것이다. 기계가 만들어 내는 작품에 신성이 있을지, 유일무이한 현존성이 인정될지 알 수 없다. 그래도 여전히 예술작품 속에서 인간적인 아우라를 찾게 되는 건 내가 너무 올드하기 때문일까?

사람
사이에 살아
인간이어라

앞만 보고 달리면
행복해질까

공감능력시험을 허하라

방송국 놈(들)

　방송국에 교양PD로 입사했다. 그렇게 살면서 많은 것을 경험했다. 〈그것이 알고 싶다〉를 연출하면 평생 만날 일 없을 사람들을 보게 된다. 살인을 저지른 사람, 사이비 종교로 사기를 치는 사람, 집단 자살을 시도한 사람처럼 뉴스에서나 볼 취재원들을 만난다.

　월드컵이나 올림픽처럼 국민적 관심이 쏠리는 이벤트가 열리면 방송팀을 이끌고 장기간 해외에서 체류해야 한다. 2004년 아테네 올림픽 시기엔 하루걸러 하룻밤을 새는 일정으로 40여 일을 보냈다. 한일월드컵의 열기가 꺼지지 않았던 2006년에는 40여 명의 스태프들을 데리고 독일 현지에서 한 달 반을 지내기도 했다. 많은 인원의 살림을 맡아 늘 수억 원의 현금을 지니고 다녀야 했다. 방송팀이 30여 일 묵었던 호텔에 현금으로 2억 가까운 숙박비를 냈다. 당시 환율로 한 장에 60만 원 정도 되었던 500유로 지폐를 꺼내 100장짜리 몇 묶음으로 지불했다. 월급쟁이로는 평생 해볼 일 없는 플렉스의 기억이 되었다. 그 이후로 500유로권은 멀리서도 본 일이 없다.

　북한을 가기도 했다. 한창 남북교류가 활발할 때였다. 우리의 지원으로 씨감자 사업을 진행하는 현장에 가보았다. 김포공항에서 한 시간도 걸리지 않아 평양 순안공항에 도착했다. 너무도 가까운 거리에 놀랐다. 한반도 땅 백두산을 걸어 올라가 바라본 천지의 모습도 잊지 못할 기억이다. 평양 갔다 왔다고 하면 누구나 물어보는, 옥류관 냉면도 참 맛있었다.

교양 프로그램이라도 시청률을 무시하지 못한다. 시청자들의 관심을 끌 수 있는 방법을 늘 고민하며 산다. 방송가에 떠도는 말처럼 30초에 한 번은 — 혹은 10초에 한 번은 — 시청자들이 웃게 만들어야 한다는 강박이 생긴다. 신기한 그림이든, 우스운 인터뷰든, 기발한 자막이든 넣으려고 노력한다. 가능하면 인지도 있는 연예인을 출연시켜서 관심을 가지게 하려고 애쓴다.

지금이야 매체가 다양하지만, 지상파가 엄청난 영향력을 지니던 때엔 방송 제작에 대한 무게감이 달랐다. PD로 입사하면 '전파는 공공재이고, 낭비되어서는 안 된다'는 철칙을 가슴에 담는다. 단순한 개인의 영역을 넘어선 사회적 책임을 무겁게 지니게 된다. 이렇다 보니 지상파PD는 다른 어떤 것보다 프로그램의 품질을 최우선으로 생각하게 된다. 당연히도 주어진 조건에서 어떻게든 최대를 끌어내려는 직업의식을 가지게 된다. 이런 모습은 '방송국 놈들'이라는 말로 그 독한 이미지가 굳어졌다. 보통 사람들은 겪지 못할 상황에 들어가고, 거기서 또 생각지 못한 것까지 쥐어 짜내는 직업이 방송국 놈들이다. 나도 그중 하나, 방송국 놈이다.

딴따라 vs 언론인

재미와 의미를 모두 전달해야 하는 직업이다 보니 여러 자질이 요구된다. 예능은 스스로 '딴따라'임을 자처하며 웃음을 향해 달려간다. 각기 다른 코드를 가진 시청자들 대부분을 웃기는 일이 쉬울 리 없다. 남을 즐겁게 하기 위해 역으로 제작진들이 무한히 괴로워지는 과정을 거친다.

교양은 예능과 다르다. 교양프로그램은 아무 생각 없이 즐거우면 안 된다. 시청자들이 몰입할 수 있는 콘텐츠를 제공하되 다 보고 나서 감동이 남거나 도움이 되는 무언가를 얻을 수 있게 해야 한다. 관심 없는 사람의 마음을 움직이고 정보를 기억하게 하는 일 또한 쉬울 리 없다. 눈을 떼지 못하는 영상, 깜짝 놀랄 만한 이야기, 신기한 정보들을 적절한 이야기로 엮어 내야 한다. 그렇다고 욕심을 너무 내면 안 된다. 자극적인 영상을 과하게 쓰거나 눈에 띈다고 검증하지 않은 정보를 방송하면 큰일 난다. 당장은 관심을 끌지 몰라도 나중엔 프로그램의 신뢰성을 잃는다.

특히 시사프로그램을 제작할 때 더 엄격하다. 언론인으로서 갖취야 할 덕목을 잘 지켜야 한다. 험한 상황을 헤쳐 나갈 담대함과 냉철한 판단력이 요구된다. 평소에 만나지 못할 사람을 만나고 경험해 보지 못한 상황으로 들어가는 일이다. 언제 어떤 일이 벌어질지 모른다. 현장을 책임지는 사람으로서 자칫 잘못하면 본인은 물론 같이하는 동료들까지 위험해질 수 있다. 정확한 상황 인식과 빠른 판단력을 튼튼한 무기로 가지고 있어야 한다.

시사PD가 취재의 난관을 견디는 이유는 명확하다. 부조리한 것을 확실하게 파헤쳐 알려야 하기 때문이다. 시청자들의 '알 권리'를 지키는 것이 언론인의 사명이다. 당연히 정확한 사실을 찾아 바른 방향으로 나아가야 한다. 그렇게 가는 길에 어려움이 있다면 대담하게 넘어가야 한다. 그렇다고 이 사명감에 매몰되면 안 된다. 어디에나 넘지 말아야 할 선이 존재하기 때문이다. 취재원의 기본적인 프라이버시를 침범하면 안 된다. 자신의 관점에 집착해도 안 된다. 균형 잡힌 시선으로 사실관계를 명확히 밝혀 전달해야 한다. 정신없는 상황이 반복될 때 균형이 무너지지 않도록 정신을 똑바로 차리고 있어야 한다.

이렇게 교양PD는 재미를 전달할 딴따라의 자질과 진실을 보여 주는 언론인의 자세 모두를 가져야 한다. 교양PD들이 늘 머리 아픈 이유가 조금은 설명이 되었는지 모르겠다. 이런 식으로 매일 머리를 쥐어뜯는 시간을 견디고 연차가 쌓여 간다. PD로서 직업에 대한 자부심이 강해지는 것은 어쩌면 당연한 결과다.

그렇게 PD가 되어 간다

내가 입사 시험을 치를 때 PD, 기자, 기술, 행정, 아나운서 등 방송국의 모든 직군을 다 뽑았다. PD도 드라마, 예능, 교양, 라디오 파트를 모두 뽑았다. 방송국 입사는 까다롭기로 유명하다. 그 당시 서류-필기-실기-1차 면접-합숙-최종면접 등 석 달이 넘는 과정을 거쳐야 했다. 수만 명의 지원자 중에 손에 꼽히는 숫자만 뽑혔다. 상상하기 어려운 경쟁률을 뚫어야 하는 일이었다. 최종 합격을 통보받았을 때 이것이 실력인지 운인지 구분을 할 수 없을 정도였다.

입사 직후 동기들 모두 합숙하며 연수를 받았다. 엄청난 수의 지원자들을 분야별로 다르게 평가해 뽑은 인원이었다. 서로 다를 만도 했지만, 만나 보니 대부분 큰 차이 없이 비슷해 보였다. 사회에서 요구하는 성장과정을 충실히 거친 초롱초롱한 눈빛의 젊은이들이었다. 다른 학교의 친구들을 만난 듯했다. 다들 앞으로 맡을 직무는 무엇일지, 어떤 인생이 펼쳐질지 꿈에 부푼 궁금증을 마음에 안고 있었다.

입사 10주년을 기념해 동기들이 모이는 자리가 마련되었다. 모두 참 많이 변해 있었다. 회사에서 오가다 잠깐 대화할 때는 몰랐었다. 자리에 앉아 진득이 얘기해 보니 삶에 대한 태도와 가치관이 직군별로 아주 달랐다. 누가 봐도 기자, 모르고 들어도 PD였다. 생각해 보니 그럴 수밖에 없는 일이었다. 10년간 내가 카메라와 함께 뛰어다닐 때 다른 친구들은 무엇을 했을까. 나는 하루에 수십 번씩 현장 상황을 판단하는 데 온 신경을 써왔다. 촬영본을 정리하며 조금이라도 더 재미있게 만들기 위해 머리를 쥐어짰다. 다른 일을 한 동기들은 또 다른 어려움을 해결하며 10년을 살았을 터였다.

꿈을 펼치고 싶던 반짝이는 눈의 젊은이들은 이제 자신만의 세계를 가진 프로가 되어 있었다. 그들이 매일 겪었을 어려움, 부딪히며 가치관을 공유했을 사람들, 스스로 자부심을 느끼게 만들었던 성취들이 말과 행동에 보였다. 그들이 보기에도 내가 그러했을 것이다. 난 그렇게 교양PD가 되어 있었다.

종군PD

독일월드컵을 다녀온 직후였다. 시사프로그램 제작 업무를 맡게 되었다. 월드컵의 열기가 채 식지 않은 한여름, 이스라엘이 레바논 남부를 공습했다. 이스라엘 안보를 위협하는 헤즈볼라의 근거지가 거기 있다는 이유였다. 밤늦은 시각, 팀장 선배에게 전화가 왔다. 당장 레바논에 들어가야 하니 준비를 하라는 지시였다. 현지 상황은 대략의 정보밖에 파악이 안 되지만, 촬영팀을 데리고 다닐 코디네이터는 구해 놨다고 했다. 한국인들 대부분은 위험을 피해 나왔고, 레바논 현지인이 섭외되어 있었다. 시차에 맞춰 현지와 통화를 해보니 상황은 급박하게 돌아가고 있었다.

다음 날 급히 출근해 준비물을 챙겼다. 아니, 사실 챙길 수 있는 것이 없었다. 전쟁터에 가본 경험이 없으니 무엇을 해야 할지 판단할 수 없었다. 걱정되는 마음에 여행자 보험이라도 들어 보려 했다. 하지만, 전쟁터는 여행지가 아니어서 보험이 안 된단다. 회사에 보호 장비 같은 것도 있을 리가 없었다. 분쟁지역을 전문적으로 취재해 온 제작사PD 선배에게 조언을 구했다. 첫 마디가 '가지 말라'였다. 위험한데 왜 거길 가느냐고.

그렇게 준비가 덜 된 상태로 6mm 카메라 한 대 달랑 들고 조연출과 레바논으로 향했다. 수도 베이루트 공항은 이미 공습으로 망가져 있는 상태였다. 육로 외에는 길이 없었다. 인접국인 시리아 공항으로 들어가 택시를 타고 산을 넘어갔다. 가는 길에 폭격된 차들이 널려 있었다. 해가 지고서야 레바논 숙소에 도착했다. 그날 밤 뉴스에서 내가 들어온 그 길마저 폭격으로 닫혔다는 소식을 들어야 했다.

다음 날부터 공습현장을 취재하러 다녔다. 우리들 외에 다른 모든 외신 기자들은 헬멧과 방탄조끼를 입고 있었다. 헐렁한 면바지에 반팔 티셔츠를 입고 있는 내 모습과 너무 비교가 되어 헛웃음이 나왔다. 그래도 멈출 수는 없었다. 그곳의 현실을 담아내는 것이 나의 사명이었다. 아울러 같이 움직이는 조연출과 코디네이터의 안전을 책임져야 했다. 비행기 소리가 들리면 보이지 않는 그늘로 숨어야 했다. 폭격이 가장 심한 곳을 갈 때는 차 위에 청테이프로 'TV'라고 써 붙여서 취재 차량임을 알렸다.

완파된 건물들, 병원에서 신음하는 아이들, 삶의 터전을 잃은 가장들을 만났다. 떨리는 마음을 감추고 헤즈볼라 부총재를 만나 그들의 입장을 들었다. 피난 행렬에 길이 막혀 천신만고 끝에 위험지역을 빠져나오기도 했다. 그곳을 나온 지 채 한 시간이 안 되어 그 지역에 폭격이 떨어졌다. 삶과 죽음이 얽힌 현장에서 모든 신경을 끌어모아 판단을 해야 했다. 어지럽게 얽힌 팔레스타인 문제를 어떻게든 전달하고 싶었다. 무서울 겨를도 없이 취재를 하고 방송을 마쳤다.

공감능력시험이 있다면

그때의 내가 잘 했던 것일까 생각하게 된다. PD로서 몸에 익힌 덕목을 최대한 발휘해 극한의 상황을 잘 헤쳐 나온 것은 자신할 수 있다. 방송도 의미 있게 잘 담아냈다. 하지만 십수 년의 시간이 지난 지금, 돌이켜보면 석연치 않은 마음이 든다. 폭탄이 터져 움푹 파인 구덩이들, 길가에 뒹굴던 차들, 한 블록 전체가 무너진 거리들은 비교적 또렷이 기억난다. 폐쇄된 국경을 지나기 위해 피난행렬 틈바구니에서 마음 졸이며 여권을 들이밀던 현장도 손에 잡힐 듯 생각난다. 프로그램에 담기 위해 취재해야 할 내용들을 촘촘히 생각하며 다녔던 상황도 다 떠오른다.

하지만, 참 이상하다. 내가 만났던 거리 위의 사람들이 잘 기억나지 않는다. 테러리스트가 아닌데도 폭격을 감내해야 하는 사람들이었다. 헤즈볼라와 관계없지만 단지 그 지역에 살고 있다는 이유로 고통받는 사람들이었다. 가족을 잃고 절망에 빠진 사람들이었다. 평생 살던 곳을 떠날 여력이 없는 사람들이었다. 위험을 알면서도 눌러앉아 있는 불쌍한 사람들이었다. 그런데 그들의 이야기와 얼굴이 잘 생각나지 않는다.

난 그들을 한 인간으로 대한 것이 아니라 방송을 위해 만나야 하는 대상으로 생각한 것이 아닐까. 너무도 당연히 인간보다 프로그램을 더 중요하게 생각한 것은 아닐까. 그들의 절박한 이야기를 마음으로 담은 것이 아니라 내가 풀어내야 할 이야기의 한 요소로 쉽게 대한 것은 아닐까. 내가 만났던 사람이 내 친구였거나 가족이었다면 지금처럼 잊어버릴 수는 없지 않았을까. 그 전쟁의 본질이 인간을 존중하지 않아 벌어진 일 아니었던가.

젊었을 때의 아둔함을 조금이나마 벗어난 지금 생각해 보면, 난 중요한 능력 하나가 모자랐던 것 같다. 사람을 대할 때 그를 한 인간으로 더 깊이 공감했어야 했다. 교양프로그램을 만드는 PD이기 이전에 사람 사이에 사는 인간으로서 가장 중요한 자질을 놓친 것 같아 후회가 된다. 내게 뭔가 특별한 능력이 있어서 PD가 된 것은 아니다. 시험을 치는 능력이 남보다 조금 나은 사람이었을 뿐이다. 입사하고 좋은 PD가 되기 위해 많이 노력했다. 내 생각으로 만든 프로그램이 수많은 사람들에게 영향을 준다는 것을 잊지 않고 사명감을 다해 일했다. 그 속에서 내가 좋은 평가를 받았던 일들은 대부분 시험을 잘 치는 능력과 관련되어 있었다. 그런 사회에서 커왔고, 그 덕분에 좋은 직업을 가지고 살 수 있었다. 그렇게 배운 원칙들을 의심하지 않고 일했었다.

내가 살아온 과정에서 인간을 존중하는 가치가 최우선이었다면 내가 잘할 수 있었을지 자신이 없다. 만약 공감능력시험이라는 게 있었다면 난 낙제했을지도 모른다. 누구나 만나서 따뜻한 사람을 원한다. 주위에 그런 친구들이 많아야 삶이 행복하다는 것을 모두 안다. 하지만, 우리는 이런 자질을 개인의 성격 정도로 너무 저평가하는 것 같다. 이런 의미에서 모두에게 중요한 것은 수학능력시험이 아니라 공감능력시험이 아닐까. 그런 능력에 박수 치고 사회적으로 인정받을 수 있도록 하면 더 좋은 세상이 되지 않을까. 조금은 과격하지만, 주장해 본다. 우리 모두를 위해 공감능력시험을 허하라.

+α
새뮤얼 헌팅턴(Samuel P. Huntington)
: 문명의 충돌

✸

『문명의 충돌』(The Clash of Civilization and the Remaking of World Order)은 미국의 정치학자인 새뮤얼 헌팅턴의 대표작이다. 처음엔 『포린 어페어스』(Foreign Affairs)라는 잡지에 기고했던 논문이었다. 발표가 되자마자 뜨거운 논쟁을 불러일으켰다. 그리고 3년이 지난 1996년 단행본으로 확대 출간되어 전 세계적인 파장을 일으켰다.

발표된 시점이 중요하다. 1991년 말, 소비에트 연합이 붕괴하며 반세기 가까이 이어진 냉전이 종식된 직후였다. 자유진영과 공산진영의 팽팽한 긴장감이 없어졌으니 세계질서가 재편될 것은 자명한 일이었다. 헌팅턴은 이 시점에 이념으로 눌려 있던 다양한 문명들이 드러나고, 그 사이에서 충돌이 일어날 것이라고 예언했다.

헌팅턴은 인류 역사를 살펴본 후 서로 다른 문명이 만나 분쟁을 만들어 왔다고 주장한다. 냉전체제는 거대한 양극의 갈등이었지만, 그것이 없어진 이후 다극체제로 변화된다고 보았다. 양극체제 안에 있다고 해서 각 문명들의 갈등이 해결된 것은 아니다. 다극체제로 세계질서가 바뀌면 이데올로기 중심으로 뭉치던 국가들이 문명을 중심으로 모인다. 문명을 중심으로 정체성을 확인하고 내부와 외부를 구분 짓기 시작한다. 같은 편은 모이고 바깥의 다른 편은 배척한다.

헌팅턴은 서로 다른 문명 간의 갈등이 두 가지 형태로 나타날 것으로 봤다. 먼저 다른 문명에 속한 인접국들 또는 국가 내의 집단들끼리 분쟁이 나타날 수 있다. 이런 미시적 갈등을 '단층선 분쟁'이라고 했다. 다른 한편으로 거시적인 차원에서 세계의 주요 국가들이 갈등을 하는 '핵심국 분쟁'도 시작될 것이라고 봤다. 대표적으로 현재 세계의 주도권을 지닌 서구문명, 그리고 이슬람 사회와 아시아 사회로 대표되는 비서구 사회의 대립을 예상했다.

『문명의 충돌』은 서구 문명을 주도하고 있는 미국 보수파 시각을 드러낸 것이라고 비판을 받는다. 서구인들이 위협적으로 생각하는 세력들을 깊이 이해하지 않고 재단했다는 것이다. 이 비판처럼 헌팅턴의 이해가 얕아 충돌이 일어나지 않았다면 좋았을 것이다. 그러나 안타깝게도 그의 예측이 현실로 드러난 것이 너무 많다. 그의 유명한 주장인 "서구의 오만함, 이슬람의 편협함, 중화의 자존심이 복합적으로 작용하여 가장 위험한 충돌이 생길 것"이라는 말은 지금도 유효하다. 2001년 9. 11사태가 벌어졌다. IS의 등장으로 중동은 일촉즉발의 전쟁터가 되었다. 중국이 성장해 미국과 대립각을 세우며 세계정세가 어디로 흘러갈지 긴장이 고조되고 있다.

그의 이론을 반박하며 문명의 공존 가능성을 주장하는 학자들도 있다. 문명이라는 말로 단순하게 세력을 구분할 수 없다는 주장도 존재한다. 하지만, 그 비판이 맞다 하더라도 헌팅턴의 주장이 지금 세계의 갈등을 이해하는 데 큰 영감을 주는 것만은 부정할 수 없다.

인간관계의
기술

용한 점쟁이

꽤 용한 점쟁이다. 주 종목은 타로카드. 누구나 해결이 안 되는 문제 하나씩은 가지고 있는 법이다. 이런 문제로 답답한 주위 사람들이 나를 찾아온다. 카드를 꺼내 준비를 하고 고민에 대한 질문을 듣는다. 타로를 섞으며 문제 해결에 가장 적합한 배열이 무엇일지 생각한다. 그리고 카드를 펼쳐 고르게 한다. 배열 순서에 맞게 카드를 놓는다. 두근거리는 잠깐의 시간이 흐른다. 한 장씩 카드를 뒤집으며 점괘를 낸다. '아 그렇군요!'라는 반응이 나올 때 용한 점쟁이의 희열이 일어난다. 연관된 궁금증을 몇 가지 더 듣고 카드를 뽑아 점괘를 추가한다. 답답한 마음을 풀 실마리를 조금이나마 찾을 때까지 한다. 카드를 읽고 이야기를 하는 동안 이삼십 분이 훌쩍 지나간다. 조금은 가벼워진 마음으로 헤어진다. 한참 시간이 지난 후 그날 점괘가 참 잘 맞았다는 얘기가 들려온다. 묘한 성취감이 생긴다.

용하다는 소문이 좀 나서 아예 카드를 보는 술자리를 가지기도 했다. 네댓 명이 모여 일상 토크로 분위기를 푼다. 어느 정도 예열이 됐다 싶으면 판을 편다. 가장 고민이 많은 사람부터 차례로 점을 봐준다. 카드를 섞고 고르고 읽는 과정이 진행될 때마다 모든 사람이 호들갑을 떤다. '잘 나와야 할 텐데'라며 격려를 하기도 한다. '아 저건 안 좋아 보인다'며 훈수가 나오기도 한다. 점괘란 것이 좋게 말하면 신비하고, 나쁘게 말하면 애매한 구석이 있다. 모여서 점을 치면 알쏭달쏭한 점괘가 무엇을 뜻하는지 열띤 토론이 벌어지기도 한다. 이렇게 시간 가는 줄 모르는 즐거운 자리가 이어진다. 고민을 터놓고 얘기를 하며 서로 속을 열게 된다. 카드가 뭐라고 사람들과 마음으로 이어진다. 그렇게 끈끈한 인간관계가 쌓인다. 그 마음들이 쉽게 식지 않아 술자리가 파할 때까지 카드를 뽑고 읽기가 계속된다. 아, 물론 아무리 점을 쳐도 상담료는 공짜다.

I와 E 사이

MBTI로 치면 I 성향을 가지고 있다. 아무에게나 스스럼없이 말을 걸고 분위기를 주도하는 그런 사람이 아니다. 시간을 두고 사람을 본 후 친분을 맺는 것을 선호한다. 앞에 나서서 주목을 받는 것보다 한 발 뒤에서 상황을 주시하는 것을 좋아한다. 왁자지껄한 다수보다 소수정예의 모임을 지향한다. 난 혼자 여행을 다니면 말을 거의 하지 않는다. 하루에 네 마디 정도 할까. "차표 한 장 주세요", "국밥 한 그릇요" 정도 외엔 말을 할 일이 없다. 여행을 가서 친구를 사귀었다는 둥, 게스트하우스에서 파티를 했다는 둥 하는 이야기들은 내게 동화 속에 나오는 판타지나 다름없다. 내 성향이 답답하다거나 부족하다고 생각지는 않는다. 사진을 찍고 생각을 하고 천천히 걷는 것으로 충분히 여행을 즐긴다.

그래도 다른 사람과 쉽게 친해지는 능력이 부러울 때가 있다. 아무렇지도 않게 농담을 던지고 순식간에 친구가 되는 그런 사람들이 신기했다. 나는 평생 살아 볼 일 없는, 저런 E의 세계는 어떤 것일까 궁금해진다. 특히 몸속에 에너지가 많던 젊은 시절엔 외향형 친구들을 닮고 싶을 때가 많았다. 일이든 사적인 자리든 여럿이 만날 일이 많기도 했다. 즐겁자고 모인 자리에서 조용히 앉아 있는 내 모습보다 웃고 떠드는 사람들이 훨씬 좋아 보였다.

타고난 성격은 못 바꾸는 법이다. 내가 외향형 인간이 되려고 노력한다는 건 호박에 줄 긋는 일과 매한가지다. 물론, 학습과 경험이 쌓이면 겉모습은 조금 바뀔 수도 있다. 내 친구들에게 "난 I야" 하고 얘기해 줬더니 갸우뚱하는 사람이 절반은 되었다. "니가 무슨 I냐, E 아니냐"는 반응이었다. 생각해 보니 내가 '학습된 E'로 보일 수도 있겠다 싶었다. 모르는 사람을 만나서 이야기를 나누고 필요한 것을 취재해야 하는 것이 일이었다. 본디 성향과 관계없이 그 자리를 주도해야 했다. 그런 경험이 십수 년 쌓이니 호박에 줄이 그어진 것이다.

본성이 바뀐 것은 아닌지라 '학습된 E' 성향은 필요한 경우에만 발휘된다. 일상 속 사적인 자리에서는 여전히 I로 산다. 말을 해야 하면 곧잘 떠들지만, 굳이 내가 먼저 말을 시작하지 않는다. 어릴 땐 이런 성향이 더 강했었다. 사람들이 사이에서 조용히만 있는 내가 부족하게 느껴질 때가 있었다. 그 속에 자연스레 녹아들어가고 싶었다. 그런 순간들이 쌓이던 어느 날, 샤이 보이의 외형을 깨려면 뭔가 방법이 필요하다는 생각이 들었다.

기술을 찾아라

처음 만난 관계에서 쉽게 아이스브레이킹을 할 방법이 뭔지 고민해 보았다. 여러 시답지 않은 아이디어들을 실행에 옮겼다. 간단한 마술, 저글링 등등… 시도는 좋았다. 허나, 되도 않는 것으로 판명, 바로 접었다. 그렇게 몇몇 부끄러운 노력들을 조금씩 경험했다.

그중 이거다 싶어 본격적으로 공부한 것이 손금이었다. 아주 재미있을 것 같았다. 누구나 불안한 미래를 예측하고 싶어 한다. 간단한 점을 칠 수 있으면 좋을 것 같았다. 점괘를 보며 가볍게 얘기를 시작할 수 있을 것 같았다. 내가 신내림을 받을 수는 없다. 책으로 배우는 건 잘 하는 편이니까 종목을 정해 공부하기로 했다. 손금으로 결정한 이유는 명확했다. 손금은 도구가 없이 언제든 쉽게 볼 수 있다. 심지어 손을 잡으며 약간의 스킨십이 생겨 친밀감도 형성될 것이라고 판단했다. 선생님을 만나 배울 수는 없는 여건이었다. 책과 인터넷을 뒤져서 열심히 손금을 쳐다보았다. 결과는 실패. 책에서 설명하는 묘사나 도판들만으로는 실제 손금을 읽을 수 없었다. 공부한 것을 머리에 넣고 내 손을 보고 주위 사람들 손을 쳐다봐도 뭐가 뭔지 알 수 없었기 때문이다. '굵고 분명한 선'은 얼마나 굵고 분명해야 하는 것일까? '손의 혈색이 좋고 월구가 탄력이 있어야 한다'면 어느 정도의 모습으로 보여야 하는 것일까?

이어서 공부했던 관상도 마찬가지였다. 관상은 『마의상법』(麻衣相法)이라는 고전을 기본으로 한다. 중국 송나라 시대 마의선사(麻衣禪師)가 한 말을 전해 적은 내용이라 한다. 여기 적힌 표현은 추상적이기 그지없다. 눈이 가로로 길고 갸름하며, 부드러운 곡선에, 동공이 검어 검은자위와 구분이 안 되고, 영롱한 광채를 가지면 가장 좋다는 '봉황눈'이다. 글을 읽고 이미지를 떠올려 보자. 아, 뭔가가 보이는가? 그럼 다음 단계. '공작눈'은 눈의 라인이 뚜렷하고 눈동자가 검게 빛난다고 한다. 무슨 차이지 싶게 된다. 내가 아둔해서인지 모르지만, 저 설명만으로 완전한 이미지를 터득할 수 없었다. 인터넷을 찾아보면 구체적인 예시로 유명인들 사진을 보여 준다. 하지만, 볼수록 더 헷갈리기만 했다. 손금과 관상은 오랜 시간 스승에게 사사하지 않고서는 배울 수 없다는 결론에 다다랐다.

비밀의 카드 속 이야기 세상

그 이후 배운 것이 타로카드다. 공부를 시작했을 때에는 아직 타로가 흔하지 않았다. 원서가 아닌 국내 도서가 처음으로 조금씩 나오던 시절이었다. 같이 프로그램을 만들던 작가가 요즘 배우고 있다며 타로점을 봐준 것이 인연이 되었다. 뭔지 모르는데도 재미있었다. 공부도 쉽게 되었다. 미술사 공부하며 도상을 보고 스토리를 이해하는 훈련을 받은 것이 큰 도움이 되었다. 카드 안에 그려진 그림들이 다양한 이야기를 쏟아 내 신기했다.

대비밀(Major Arcana)이라고 불리는 22장의 카드는 절벽을 향해 걸어가는 바보의 모습에서 시작해 모든 것이 통합된 세계로 가는 이야기가 전개된다. 미지의 세계로 여행을 떠나며 만날 수 있는 사람과 상황들이 펼쳐진다. 만능 해결사의 도움을 받기도 하고 사자를 다루는 용기를 얻기도 한다. 운명의 수레바퀴에 올라서기도 하고 죽음의 기사를 만나가기도 한다. 달을 쳐다보고 울부짖는 동물들은 무엇을 말하고 싶은지 생각에 들게 된다. 소비밀(Minor Arcana)이라고 불리는 56장의 카드는 의지, 감정, 현실, 이성 4가지 요소에 대한 이야기를 들려준다. 각 요소들이 숫자와 배합되어 어떻게 발현되는지 그림으로 보여 준다.

이런 각각의 카드들을 배열해서 새로운 스토리텔링을 만들어 내는 과정도 재미있다. 사실 카드 한 장의 도상을 읽는 것보다 그것을 엮어 이야기를 전달하는 것이 더 중요한 문제다. 여기서 점쟁이의 역량이 드러난다고나 할까. 받은 질문과 카드가 배열된 상황을 잘 연결시켜 완전히 새로운 세계를 만들어 낸다. 점쟁이와 질문자는 그 세계에 들어가 고민을 펼쳐놓고 대화를 하게 된다. 현실과 연결되어 있지만, 마법의 세계에 들어와 있는 것 같은 경험을 한다. 그 속에서는 어떤 질문이든 답을 얻을 수 있을 것 같은 신비로움이 느껴진다.

타로카드의 가장 큰 장점은 직관적인 느낌을 전달할 수 있다는 데 있다. 카드를 잘 모르는 사람이라도 카드에 그려진 그림을 보는 순간 무언가를 느낀다. 내가 주로 쓰는 웨이트 계열 타로를 한 번 살펴보자. 악마, 타워, 죽음처럼 누가 봐도 무서운 것이 있다. 무시무시한 모습의 악마가 가운데 떡 하니 앉아 있다. 그 아래 쇠

사슬로 묶인 남녀가 한 쌍 좌우로 서 있다. 이 카드가 나오면 다들 '아 안 좋네'라며 한숨을 쉰다. 반대로 한눈에 좋아 보이는 카드도 많다. 쨍한 해가 떠 있는 해바라기 밭에 화관을 쓴 아이가 웃으며 백마를 타고 있다. 보기만 해도 기분이 좋아지는 태양 카드다. 점을 치면 카드를 뒤집을 때마다 이런 그림에 반응을 하게 된다. 당연히도 어떤 얘기가 펼쳐질지 궁금증이 더 커진다.

비교하자면, 사주나 주역은 매우 추상적인 점법이다. 사주는 목화토금수라는 다섯 가지 원소의 작용을 설명해야 한다. 주역은 수천 년 전 작성된 고대 한자를 해석해야 한다. 점괘의 느낌을 직관적으로 전달하기 어렵다. 하지만 타로카드는 그림을 보며 질문자와 점쟁이가 대화를 나누는 것이 가능하다. 물론 카드가 보이는 이미지대로 늘 좋거나 나쁜 의미로만 읽히지는 않는다. 배열된 맥락에 따라 그 반대로도 볼 수 있다. 그래도 질문을 던진 사람에게 어떤 것이든 느낌을 바로 전달할 수 있기 때문에 많은 대화를 나눌 수 있다. 이 카드가 좋은 이유, 보이는 것과 달리 나쁜 이유 등등 구체적으로 설명을 해줄 수 있다. 처음 던졌던 질문에서 더 깊은 궁금증으로도 이야기를 쉽게 이어 갈 수 있다. 이렇게 반복하다 보면 질문자와 정서적인 친밀감이 생긴다. 타로의 그림들이 사람들을 하나로 묶어 인도하는 느낌이 든다.

점쟁이를 대하는 두 가지 태도

점을 보자는 사람들에겐 크게 두 가지 유형이 있다. '어디 한번 맞추나 보자'라는 회의론자가 하나다. 아마도 내가 다른 사람에게 점을 보게 된다면 이 경우에 해당하지 않을까 싶다. 이런 부류는 자신이 평소 고민하던 문제를 해결하려 점을 치는 경우가 거의 없다. 다른 호기심으로 점을 치자고 한다. 카드 자체가 궁금할 수도 있고, 점쟁이의 실력이 궁금할 수도 있다. 이렇게 점을 치면 서로 크게 감흥이 없다. 질문을 던진 사람도 시큰둥하고 점쟁이도 단순한 점괘를 내주고 마무리하게 된다. 대화가 더 진전될 가능성은 희박하다. 정서적 유대감도 잘 생겨나지 않는다. 내가 나 스스로에 대한 질문에 카드를 뽑으면 점괘가 잘 안 맞는다. 이것도 내 스스로의 능력을 시험에 들게 한다는 생각이 바탕에 깔려 있어 그런 것이 아닐까 한다.

다른 한 유형은 점을 봐야 할 절실함이 있는 사람들이다. 문제의 해결책을 혼자서는 찾기 어려운 경우다. 이런 사람들에겐 몇 가지 공통점이 있다. 일단 눈빛이 다르다. 질문을 어떻게 할지부터 신중하게 생각한다. 카드를 고를 때 진심을 담은 눈으로 대한다. 배열한 카드를 뒤집을 때 희비가 엇갈리는 마음을 감추지 않는다.

더 재미있는 공통점은 카드를 읽는 과정에서 드러난다. 점쟁이가 해석을 내놓으면 거기에 자신의 말을 적극적으로 덧붙인다. 분명 질문의 답을 들으러 온 것인데, 본인이 더 말을 많이 한다. 악마 카드가 나와서 "주위에 본인을 얽매고 조종하는 사람이 있네요"라고 읽었다고 해보자. 그럼 대번에 "아 맞아요, 그 XX놈이 그런 짓을 하고 있어요" 하며 그 XX놈과 관련된 일들을 줄줄이 쏟아 낸다. 그런 사람이 바로 생각이 나지 않으면 "예전에 일할 때 그런 느낌을 주는 사람이 있었어요"라고 답을 찾아 나선다.

 이렇게 꺼낸 얘기는 그 앞뒤에 배열된 카드와 함께 긴 서사의 한 부분을 이루게 된다. 스토리 속에서 이 악마카드가 도움이 되는 해피엔딩으로 가는지, 생각대로 나쁜 결과를 가져오는 새드엔딩으로 가는지 살펴본다. 뭔가 불확실한 결과일 때는 이 이야기를 바탕으로 점괘를 더 보면 된다. 잘 이해가 안 되는 지점에 대해 추가 카드를 뽑는다. 문제에 따라 아예 판을 갈아 다른 배열을 보기도 한다. 그렇게 서로 문제를 파악하고 카드가 지시하는 방향이 무엇인지 해석해 준다.

 두 번째 유형의 상담자들과는 점을 보는 과정이 매우 복잡하고 풍부해진다. 파악해야 할 곳이 더 명확하게 드러난다. 마지막 점괘도 더 구체적으로 낼 수 있다. 물론 나중에 전해 듣는 적중률 또한 높아진다. 점쟁이의 위상이 더 높아진다. 아울러, 나와 마음을 열고 대화를 나눈 친구가 하나 늘어난다.

'듣는다'는 기술

이제, 용한 점쟁이의 비밀을 밝히겠다. 비밀로 하고 싶지만, 읽어 봐서 알 것이다. 이 기술엔 특별한 게 없다. 사람들의 이야기를 잘 들어주는 것뿐이다. 어떻게 얘길 꺼내야 하나 망설일 때 그 마음을 끄집어내 줄 수 있으면 된다. 모두 별 볼 일 없는 것 같은 매일을 지낸다. 좋아 보이는 것은 잠깐이고, 머리 아픈 문제는 늘 마음 한구석을 부여잡고 있다. 누구나 속을 꺼내 탈탈 털고 싶을 때가 있다. 남에게 들려주기 마뜩잖은 일일 수도 있다. 굳이 꺼내 봐야 별것 없다고 생각할 수도 있다. 그런 얘길 부담 없이 툭 하니 던져도 재미있게 들어주는 사람이 있다. 별 의미도 없는 것에 관심을 보이고 같이 고민해 준다. 내가 몰랐던 감정을 읽어 준다. 공감할 수 있는 해결책도 내어 준다. 좋지 않은가? 옷을 벗고 달빛 아래서 춤을 추라는 사이비 해결책이 아니라면, 그 방법이 맞든 틀리든 별문제 없지 않을까? 마음을 부여잡고 있던 짐을 대화로 조금 내려놓았다면 그걸로 충분치 않을까?

타로카드와 그 안에 들어 있는 신비한 그림들은 조력자일 뿐이다. 마음의 얘기를 털어놓을 수 있는 신비한 세계를 짓고 그 안으로 여행을 떠나도록 이끄는 디딤돌이다. 샤이 보이가 미래를 점치는 기술을 배우자고 시작했던 일이었지만, 카드의 마법은 다른 곳에 있다. 결국 서로를 잇고 마음을 위로하는 것은 사람이다. 이때 필요한 것은 듣는 기술뿐이다. 관심을 가져 주고 말의 진심을 생각해 주는 것, 그것이 인간관계의 핵심 기술이다.

+α
플라톤: 시인 추방론
vs 버트럼 포러: 바넘 효과

✷

　점쟁이는 인간이 처음 문화와 예술을 만들어 내는 시점부터 존재했다. 거북이 등껍질을 태워 상형문자를 만들어 낼 때도 점술가가 있었다. 불을 피워 춤추고 노래를 하며 예술이란 것을 처음 만들어 내는 순간에도 그들이 주역이었다. 모든 것을 과학으로 설명하는 지금 이 순간에도 존재한다. 요즘에도 일이 안 풀려 답답함에 가슴이 터질 때 신묘한 해결책을 주는 것은 AI가 아니라 점쟁이들이다.

　이성으로 넘볼 수 없는 영역에 존재하는 이런 사람들에 대해 철학자들은 경계의 끈을 놓지 않았다. 고대인들이 보기엔 사제가 신의 메시지를 받기 위해서는 자신의 영혼을 내어놓아야 한다고 생각했다. 우리가 흔히 '신 내렸다'고 표현하는 그 상태를 고대 그리스인들은 '엔투시아스모스(enthousiasmos)'에 이르렀다고 말했다. 엔투시아스모스 상태가 되면 춤, 음악 그리고 시가 자연스럽게 만들어진다. 플라톤(Plato)은 이성을 중시하고 이상적인 세계의 끝판왕인 이데아(idea)를 신봉한 철학자다. 그에게 이런 행위는 아주 마뜩지 않아 보였다. 철학적 사유로 세상을 봐도 모자랄 판에 이성의 끈을 놓아 만드는 시라니, 그보다 불경할 수 없었을 것이다. 그는 이데아에 가까운 세상을 만들기 위해서 시인을 추방해야 한다는 급진적인 주장까지 하게 된다.

현대 심리학에서도 점쟁이의 능력은 부정된다. 1949년 심리학자 버트럼 포러(Bertram Forer)는 성격에 대한 설문조사를 실시했다. 그 후 설문지와 무관하게 똑같은 내용이 적힌 결과지를 작성자들에게 나눠 줬다. 결과지의 내용은 점성술 책을 참고해서 적은 성격 표현 13가지 항목이었다. 그걸 본 피험자들은 자신의 성격에 대한 일치도를 5점 만점에 4.26점으로 평가했다. 실제와 아무 관련이 없어도 그럴듯한 말을 해주면 열 명 중 여덟 명 이상은 '아 맞아요'라고 할 수 있단 뜻이다.

이런 심리현상은 후에 바넘 효과(Barnum effect)라고 이름 지어졌다. 피니어스 테일러 바넘(Phineas Taylor Barnum)은 서커스와 마케팅의 천재였다. 그는 "우린 어떤 사람이든 만족시킬 뭔가를 가지고 있다(We've got something for everyone)"는 유명한 말로 사람들을 끌어모아 성공했다. 즉, 누구나 혹할 만한 것을 보여 주면서 '당신에게 특별한 것'으로 포장하면 대부분의 사람들이 그렇게 받아들인다는 실험결과다. 점을 보러 가는 사람은 대개 걱정이 있게 마련이다. 거기다 대고 대뜸 "얼굴에 우환이 보여~"라고 하면 아니라고 할 수 있는 사람이 어디 있겠는가.

  이성을 타락시키는 신의 장난일 수도, 귀에 듣기 좋은 사탕발림일 수도 있다. 그게 무엇이든 올곧은 지성인에겐 좋아 보이지 않는다. 하지만 어쩌나, 아무리 머리를 굴려도 답이 없을 땐 점쟁이가 생각나는 걸. 인간의 능력으로 해결할 수 없는 것이 있기 마련이다. 누구나 그 지점을 톡 건드려 주는 사람에게 기대게 되어 있다. 그게 뭐든 마음이 편해지고 새로운 관점을 얻을 수 있으니 계속 찾게 된다. 그래도 역시, 믿거나 말거나는 당신에게 달려 있다.

시간
졸부

신세계와의 조우

국민학교를 다닐 때였다. 베이비붐 세대 끝자락에 태어난 내 또래들은 바글대는 교실에서 수업을 받아야 했다. 학생이 너무 많아 입학하자마자 2부제 수업을 했다. 같이 학교를 다녔던 누나는 공간이 부족해 과학실을 교실로 사용하기도 했다. 이렇게 해도 숫자가 늘어 넘쳤던가 보다. 3학년이 되니 분교가 생겼다. 나름 좀 더 먼 곳으로 통학을 하게 됐다. 용도 모를 넓은 땅을 높게 둘러싼 담벼락과 야산 사이로 난 흙길을 한참 걸어가야 했다. 그 길이 끝나면 미용실, 정육점처럼 본교 앞에서는 볼 수 없던 가게들이 나타났다. 그리고 그 사이에 그 이름도 생소했던 전자오락실이 하나 있었다.

집에 PC는커녕 전자계산기도 흔하지 않던 시절이었다. 난 전자오락이라는 게 뭔지도 몰랐다. 친구들이 너무 재미있다며 같이 가자고 했다. 제대로 할 줄 아는 것 하나 없었지만 너무 신기했다. 내 머릿속에 상상으로만 존재하던 우주선이 날아다니며 레이저를 쏜다. 쾅 하는 소리와 함께 적들이 사라진다. 한 단계씩 임무를 완수하는 내 모습이 대견하다. 적들의 공격을 아깝게 피하지 못한 분노에 아드레날린이 솟구친다. 50원짜리 동전 하나로 내 모든 감각을 자극하는 경험이었다. 그때까지 노는 것은 흙바닥에 줄을 그어 놓고 친구들과 뛰어다니는 일뿐이었다. 뒷산에 올라가 쥐불놀이를 하거나 메뚜기를 잡으러 다니는 일 정도였다. 한데, 컬러TV 같은 모니터 속에서 내 맘대로 날아다니는 우주선을 타게 되었다. 완벽한 신세계였다. 열 살짜리 꼬맹이가 만난 이 세계는 이후 삶의 대부분을 차지하게 된다.

오락실 죽돌이와 황영조

10대 시절, 깨 있던 시간 대부분은 오락실에서 보냈다. 천 원 지폐 한 장이 굉장히 크던 때였다. 잘해야 백 원짜리 동전 몇 개 밖에 없었다. 게임을 즐길 수 있는 기회가 몇 번 없으니 신중하게 고른다. 두근거리는 마음으로 동전을 넣는다. 온 정신력을 끌어모아 게임을 한다. 늘 아쉽게 끝이 난다. 돈이 다 떨어져도 그곳을 떠나지 못한다. 다른 아이들이 어떻게 하는지 관찰한다. 동네 고수라도 나타나면 나뿐 아니라 코찔찔이 아이들 모두가 그를 에워싼다. "우와~ 저렇게 하는 거구나", 탄성이 이어진다. 집에 들어갈 시간이 다 되어도 떠나질 못한다. 빨리 들어가야 한다는 생각에 오금이 저리지만, 뿅뿅 쾅쾅 하는 소리에서 빠져나오지 못한다.

새로운 게임을 찾아 원정을 가기도 했다. 시내 번화가에 있는 큰 게임센터에는 온갖 신기한 것들이 있었다. 하지만, 불량한 학생들이 자주 출몰했다. 당연히도 삥 뜯길 일이 생겼다. 생전 처음 보는 형들이 돈 내놓으라고 윽박질렀다. 무서운 마음에 오돌오돌 떨다가 이게 아니다 싶었다. 얼른 밖으로 뛰쳐나왔다. 따라 나온 녀석들이 날 붙잡으려 할 때 소리를 꽥 질렀다. "여기 깡패다! 깡패가 내 돈 가져가요!" 어디서 그런 깡이 나왔나 모르겠다. 그 노는 형들도 그래 봐야 중학생이었을 터였다. 다가오지 못했다. "야 너 조심해, 너 어디 다니는지 다 알아." 그 이후 그들을 만난 적은 없다. 그래도 무서웠다. 하지만, 그런 험한 일을 당해도 오락실을 끊지 못했다.

고등학교에선 밤 12시까지 야간자율학습을 해야 했다. 학교가 너무 지긋지긋했다. 공부를 하기 싫어 땡땡이를 치고 오락실을 갔다. 밥 먹을 시간도 없었다. 못 먹은 도시락은 친구들 주고 책상에 엎드려 잤다. 오직 게임을 할 때만 눈이 초롱초롱했다. 주말에도 자율학습을 해야 했다. 학교를 가지 않고 오락실에 죽치고 있다 집에 갔다. 다음 날 등교해서 선생님한테 멍이 들도록 매를 맞는다. 그럼 그 주말은 학교를 간다. 이렇게 격주로 매를 맞으며 게임을 했다.

이런 내게 황영조 선수는 아주 특별하다. 여름방학 중이었다.

학교를 가기 싫어 오락실로 땡땡이를 치다가 선생님에게 붙잡혔다. 황영조 선수가 56년 만에 올림픽 마라톤 금메달을 딴 날이었다. 온 나라가 축제 분위기였다. 선생님은 황영조 선수가 금메달을 따기 위해 얼마나 고생을 했는지 아느냐며 30분 넘게 일장 연설을 하셨다. "니가 오락실에서 시간을 낭비할 때 우리 황영조 선수는 이를 악물고 운동을 했다"고 했다. "너처럼 해서는 성공할 수 없다"고 했다. 차라리 매를 맞는 게 낫겠다 싶을 때 연설을 끝내셨다. 그 말을 듣고 내가 개과천선했을까? 당연히 아니다. 황영조는 억울하겠지만 그는 이제 내 오락실 인생의 적이 되었고, 난 그 세계에서 꾸준히 놀았다. 날 잘 아는 친구들은 그 당시 프로게이머라는 직업이 있었으면 난 그걸 했을 거라고 입 모아 말한다.

말썽 총량의 법칙

대학에 들어가서도 게임은 계속했다. 게임뿐인가, 훨씬 많은 시간을 더 다양하게 노는 데 썼다. 힘든 공부는 고등학교까지만 하고 대학은 노는 곳이라는 인식이 있던 때다. 호시절이었다. 수업을 빼먹고 놀러 다녀도 다 그러려니 했다. 당시는 아직 만 19

세가 지나지 않은 학생이 음주를 하는 것은 불법이었다. 그러나 단속을 받아 본 적이 없었다. 선배들 전언으로는 관할 경찰서장이 대학생이 되면 놀아야 하니 그런 단속은 안 한다고 선언을 했다나. 암묵적인 합의가 만천하에 드러날 정도로 맘대로 노는 여건이었다. 남는 게 시간이었다. 학점은 대충 따고 노는 데 시간을 펑펑 썼다. 돈은 없었지만 시간은 많았다. 시간을 어떻게 쓰는 게 잘 쓰는 건지는 몰랐다. 그렇게 가진 게 시간밖에 없는 시간졸부로 맘껏 누리고 다녔다.

"인간의 일생에는 지랄 총량의 법칙이 있다." 술에 취해 친구가 한 말이다. 거의 하루도 안 빼놓고 술을 마시고, 인사불성이 되어야 집에 가던 때다. 그날도 어김없이 취해서 각자 해본 해괴한 일들을 떠들고 있었다. 그렇게 '나 이런 것까지 해봤다' 배틀이 벌어졌다. 온갖 괴상한 경험들이 쏟아져 나왔다. 글로 옮기면 등급 검열에 걸릴 일, 너무 지저분해서 숟가락을 놓아야 할 일, 누가 봐도 미친 사람이나 할 짓 같은 것들이 끊임없이 이어졌다. 저마다 희한하게 인생을 낭비한다고 웃고 떠들던 와중에 저 말이 나왔다. 인간은 죽을 때까지 사고 치는 양이 정해져 있다는 말이다. 어릴 때 말썽쟁이였던 애들은 커서 점잖아지고, 젊었을 때 얌전한 애들은 나중에 큰 사고를 치게 된다는 뜻이다. 대부분의 사람들은 성인군자가 아니어서 자신의 욕망을 삐뚤게 분출하고 싶은 날이 온단다. 그걸 해보고 나서야 정신을 차린다는 말이다. 이러니 말썽을 피우려면 젊을 때 하는 것이 낫다는 결론이었다. 그땐 우스갯소리로만 생각했다. 하지만, 이후 저 말이 맞는다는 생각이 자주 들었다. 나중에 '말썽 총량의 법칙'이라는 다소 완곡한 단어로 같은 말을 꽤 여러 번 들었다.

새는 투쟁하며 알에서 나온다

복학하고 공부에 매진했다. 인사불성이 되는 술자리가 없어진 것은 아니었다. 오락실 출입을 멈춘 것도 아니었다. 다만, 내가 공부를 좋아하는 사람이라는 것을 깨닫는 순간이 왔다. 대학에 가기 위한 것이나 누가 짜준 커리큘럼을 따라가는 공부가 아니다. 내가 하고 싶은 분야를 파고드는 기쁨을 자각했다. 전공을 미학으로 정했던 가장 큰 이유를 잊고 있었다. 그림을 보고 그 속의 이야기를 파악하고 싶어 정한 공부였다. 더 나아가, 이런 것으로 방송으로 만드는 직업도 꿈꾸고 있었다. 제대 후 미술사와 영상을 중심으로 공부를 했다. 너무나 재미있었다. 예전엔 그렇게 어렵던 공부가 왜 이리 쉬운지 알 수 없을 정도였다.

허랑방탕하게 논 것 같았지만, 그렇게 보낸 시간이 곧 나를 찾는 과정이었다. 시키는 대로 하는 게 정답인 세상에서만 살아왔었다. 그게 너무 싫어서 일탈을 하고 매를 맞았지만, 싫던 것이 좋아지지 않았다. 무엇이 좋은지 스스로 확신이 없던 젊은이였다. 좋은 것, 싫은 것, 깨끗한 것, 더러운 것, 쉬운 것, 어려운 것 등등 이제껏 보지 못한 것들을 그 시간 속에서 조금씩 겪었던 것 같다. 물론 그런 것들을 정확히 인식하고 살지는 않았다. 같은 또래들이 욕망하는 것들에 몸을 맡기고 떠다니다 자연스레 나를 찾은 것이다.

젊은 시절 읽었던 『데미안』은 내게 큰 울림을 준 작품이었다. 싱클레어는 아버지의 집으로 상징되는 밝은 세상 안에서만 살았었다. 이런 싱클레어가 데미안을 만나 자신의 세계를 찾아가는 여정은 내 마음을 보는 것 같은 감동을 줬다. 데미안이 건넨 쪽지의 글은 지금 읽어도 그 힘이 느껴진다. "새는 알에서 나오려 투쟁한다. 알은 세계다. 태어나려는 자는 하나의 세계를 깨뜨려야 한다. 새는 신에게로 날아간다. 신의 이름은 아브락사스." 헤세가 적은 이 심오한 문장처럼 살진 않았다. 그런 철학적 의식을 가지고 시간을 보낸 것이 아니다. 그러나 내가 시간졸부로 살지 않았다면 알에서 나오지 못하지 않았을까 싶다. 내 스스로 삶의 방향과 가치관, 좋고 싫음을 책임지는 마음으로 판단할 수 없게 되었을 것 같다. 난, 그렇게 마음껏 쓰는 시간 속에서 독립된 성인의 모습을 그려 내는 방법을 배웠다고 확신한다.

사람이라는 자원

대한민국은 사람이라는 자원으로 성장한 나라다. 일제가 수탈하고 전쟁으로 망가져 있었다. 쳐다볼 것은 사람밖에 없던 가난한 나라였다. 어떻게든 사람을 가르치고 일을 시켜서 절대빈곤을 벗어나야 했다. 퇴근이고 주말이고 없이 열심히 일했다. 제국주의 열강처럼 남들을 수탈하지 않고 우리 스스로의 에너지를 짜내서 성장했다. '나 때는 말이야'라고 자랑스레 얘기할 수 있을 만큼 모든 것을 쏟아 냈다.

아무리 힘들어도 당시 우리를 버티게 한 것이 있었다. 열심히 하면 뭔가 이룰 수 있다는 가능성이 있었다. 누구나 행복한 가정을 꿈꾸며 일했다. 이 힘은 스스로 겪은 어린 시절의 경험에서 나온 것이다. 가난했던 시절이었다. 남아도는 시간에 늘 배고픔을 겪었을 것이다. 빈곤을 탈출하면 그 시간이 안온한 여유로 채워지리라 생각했다. 스스로 겪은 시간 속에서 내재된 가치가 쉬지 않고 뛸 에너지를 줬다. 양적인 성장이 곧 행복이던 시절이었다.

난 요즘 젊은이들을 보면 안쓰러운 마음이 든다. 저들은 무엇을 보고 달리고 있을까. 또, 어떤 가치에서 힘을 끌어올릴까. 유치원도 명문이 있는 시대에 자란 사람들이다. 하교를 하고 마음껏 자유 시간을 즐기지 못한 세대들이다. 학교도 학과도 모두 치밀하게 등급이 매겨져 있다. 어릴 때부터 경쟁을 체화하고 살아왔다. 사회에서 정해 놓은 성공을 향해 달린다. 집에 돌아와서는 힘들게 일하고 온 부모를 봐야 했다. 아빠도 엄마도 학원비며 아파트값을 벌기 위해 여유 없이 사는 것을 보고 자랐다. 월급쟁이로 여유롭게 사는 것을 믿지 않게 되었을 것이다. 안정적인 직장도 많이 줄었다. 열심히 하면 잘 살 수 있다는 희망은 이제 굳건한 가치가 아니다.

조금만 잘못하면 인생에서 실패한다는 공포감을 가지고 있을 것이다. 내재된 공포로 쉴 새 없이 스펙 쌓기에 몰두한다. 내가 그랬던 것처럼 허랑방탕하게 시간을 보내면 손가락질을 받는 세상이다. 가장 많은 시간을 가졌을 때 마음껏 써보지 못하고 성인이 될 수밖에 없는 환경이다. 이들은, 스스로 알을 깨뜨리고 새로운 세상을 나온 것일까, 부모 세대가 견고히 다져 놓은 세계 안에서 절망을 느끼고 있는 것일까.

우리는 발전을 위해 사람이란 자원을 너무 낭비한 것은 아닐까. 사람은 자신에게 가치 있는 목표를 품어야 충분한 에너지를 낼 수 있다. 그렇기 때문에 그것이 무엇일지 찾을 수 있는 충분한 기회가 주어져야 한다. 지금은 사회에서 던진 경쟁에 모든 시간을 쏟아붓고 나만의 행복을 고민하고 구현할 여유가 없다. 부자 나라라는 목표를 위해 달렸다. 그 중요한 성취는 부정할 수 없다. 하지만, 그렇게 만든 '여유로운 삶'에 본질적인 행복은 많이 부족해 보인다. 피땀 흘려 이루었다는 지금 모습이 다음 세대에게 물려주고 싶었던 행복한 사회인지 깊이 생각해 봐야 하지 않을까.

시칠리아 동네 빵집

난 가진 일이 뭐든 행복하게 먹고 살 수 있는 나라를 꿈꾼다. TV를 보면 시칠리아 동네 빵집 같은, 유럽 시골구석 구멍가게 사장들의 웃음을 만난다. 난 그 웃음이 부럽다. 거기엔 자신이 하는 일에 대한 자부심과 삶의 여유가 담겨 있다. 그들이 대단한 기술을 가졌다거나 엄청난 사회적 성공을 한 것은 아니다. 시칠리아 동네 빵집 사장님이 대학을 나왔을 리 없다. 아마도 아버지가 빵을 만드는 것을 보며 자랐을 것이다. 학교에선 글 읽는 것 정도만 배웠을 것이다. 남는 시간엔 들로 뛰어다니고 친구들과 투닥대며 자랐을 것이다. 집에서 만든 빵과 질박한 포도주 한 잔에서 행복을 느끼며 살았을 것이다.

"엄마 나 빵집 할래. 학교 안 가"라고 선언했을 때 축복해 줄 부모가 대한민국에 몇 명이나 있을까. 지금도 친구들을 만나면 어릴 적 여유롭던 시절을 꺼내며 즐거워한다. 하지만 지금은 왜 나 자신에게, 그리고 우리 다음 세대들에겐 그런 여유를 쉽게 내어주지 못하는 걸까. 동네에서 소박하게 빵집을 하는 것이 불안한 삶을 의미하는, 그런 세상이 된 것 같아 마음이 무겁다.

+α

버트런드 러셀(Bertrand Arthur William Russell)
: 게으름에 대한 찬양

✹

　부지런하게 사는 것은 당연한 미덕이다. 특히나 한강의 기적을 이룬 우리나라에서는 이보다 더 중요한 덕목이 없었다. 그러나, 부지런함만으로는 행복한 삶이 그려지지 않는다. 먹고살 만한데 뭔가 부족함이 느껴진다. 왜일까? 이 질문에 '행복해지려면 게을러야 한다'는 파격적인 답을 던져 준 사람이 있다. 영국의 철학자이자 수학자, 노벨문학상 수상자이기도 한 버트런드 러셀이다.

　그는 자신의 글 15개를 모아 수필집 『게으름에 대한 찬양』(In Praise of Idleness and Other Essays, 1935)을 출간했다. 그 안에서 우리가 너무나 당연하게 생각해 왔던 가치들을 거스르는 시각을 보여 준다. 러셀은 글을 통해 실용적 가치를 중시하고 인간을 도구로 전락시킨 현대사회의 모습을 꿰뚫어 보고 공감을 이끄는 주장을 펼친다. 그중 가장 유명한 것이 제목과 동일한 '게으름에 대한 찬양'이라는 에세이다. 글의 서두에서 러셀은 "사탄은 늘 게으른 손이 저지를 해악을 찾아낸다"는 서양의 격언을 제시하고, 우리가 굳게 믿어 왔던 사회의 가치를 되짚어 본다.

그가 보기엔 기술의 발전으로 모든 사람이 얼마든지 여가를 즐길 수 있는 환경이 되었다. 19세기 초 영국 남자의 평일 근로 시간은 15시간이었다고 한다. 아이들도 12시간씩 일을 했다. 이런 환경에서 가난한 사람들이 여가를 가진다는 것은 상상할 수 없던 일이었다. 그러나 기술이 비약적으로 발전해 노동생산성을 높였다. 노동자들은 생활을 위한 필수품을 확보하는 데 들여야 할 시간이 줄어들었다. 이에 따라 과거엔 소수의 특권층만이 누릴 수 있는 여가를 사회 구성원 모두가 누릴 수 있게 되었다. 그런데, 사회는 더 열심히 일하는 것이 미덕이라고 계속 강요한다.

러셀은 근로의 미덕이 여가를 즐길 권리를 방해한다고 주장한다. 그가 보기엔 노동행위 그 자체에서 인생의 깊은 철학적 의미나 행복을 얻는 사람은 거의 없다. 노동은 생계에 필요한 수단일 뿐이다. 인간이 어떤 것이든 행복감을 느낀다면 그것은 바로 여가에서 나오는 것이다. 따라서 일정 시간 이상 일하도록 강요받지 않는 세상이 되면 인생에 행복이 가득할 것이라고 보았다. 그런데도 여가를 독점하던 기득권의 이데올로기가 버려지지 않고 있는 것이다. 노동은 노예의 가치인데 버려서는 안 될 것으로 여겨진다. 사람들은 아직도 과도한 노동으로 고통받고 실업의 공포를 느낀다.

러셀은 부지런함을 신봉하지 말고 게을러지라고 말한다. 자유롭고 주체성 있는 자세로 행복한 삶을 살려면 부지런함이 아니라 여가가 더 중요하다는 사실을 깨달으라고 한다. 산업사회는 충분히 여유로울 수 있는 환경을 감추고 있다. 그는 하루 노동시간을 4시간으로 줄이자는 다소 과격한 주장을 한다. 그래야 여가를 충분히 누릴 수 있다는 것이다. 일자리도 늘어나 실업도 해결할 수 있다고 보았다.

거의 한 세기 전에 쓰여진 글인데, 지금 우리의 모습과 너무 겹쳐지지 않는가? 일상을 사는 데 필요하고도 넘칠 만큼 풍요로운 사회인데, 우리는 너무 아등바등 살지 않나? 러셀을 믿고 잠시 게으름을 피워 보는 것은 어떠실지?

에이
그게 아니지

종교가 없는 자의 반가사유상

밥벌이는 누구에게나 힘들다. 하고 싶은 일로 돈을 버는 호사는 세상에 몇이나 누릴 수 있을까. 생활을 유지하기 위해 하는 일에 녹록한 것은 없다. 나는 월급쟁이다. 내 자산은 몸뚱이 하나뿐이다. 지금껏 유일한 밥벌이 방법은 내 노동력을 파는 것이었다. 노동으로 돈을 많이 벌기 위해서는 들이는 시간의 양과 효율을 늘리는 수밖에 없다. 하지만 일하는 시간을 늘리는 데에는 물리적 한계가 있다. 그래서 누구나 자신의 능력을 키워 노동시간의 가치를 높이려고 노력한다.

한데, 나는 노동가치가 능력만으로 평가된다고 생각하지 않는다. 월급쟁이로 오래 살다 보니 받는 돈의 크기는 '싫은 것을 감당해야 하는 양'에 비례한다는 결론에 다다랐다. 남들이 하기 싫은 업무일수록 높게 평가된다는 뜻이다. 그 스트레스를 견딜 의지가 있는 사람이 승진도 하고 월급도 더 받는다. 스트레스의 대부분은 사람 문제다. 밉상 상사나 말귀 어두운 후임의 얼굴을 떠올려 보라. 답답한 마음이 들 것이다. 일이 많거나 어려워 힘든 경우도 떠올려 보자. 혼자서라도 일을 할 수 있으면 그나마 괜찮다. 이 경우에도 정말 힘든 때는 업무를 지시한 사람이나 일과 엮인 관계가 납득이 안 되는 경우다. 사람 사이에서 살아 인간(人間)

이지 않나. 좋든 싫든 사람과 부딪히며 살아야 한다. 논리적 비약이 있긴 하지만, 사람 스트레스를 참는 양만큼 월급을 받는다는 것이 나의 지론이다.

내 사무실 책상 한편에는 자그마한 반가사유상이 하나 놓여 있다. 밥벌이의 짜증이 밀려들 때 잠시 쳐다보며 마음을 가다듬는다. 불교신자는 아니다. 평생 특정한 종교를 가져 본 적이 없다. 성격 탓인지 절대자에게 의지를 기탁하는 경험을 해보지 못했다. 그렇게 하면 마음이 편하다고 조언을 많이 해준다. 이해는 된다. 그래도 본래 회의에 가득 차 있는 사람이라 마음 깊이 누군가 와주시지는 않는다. 안 좋은 문제가 생기면 알아서 해결하려고 노력한다. 하지만 애초에 해결이 안 되는 문제도 있다. 특히 사람 사이의 문제는 내 의지만으로 풀리지 않는다. 그런 짜증들이 쌓이고 쌓여 힘이 들 때 난 잠시 반가사유상을 쳐다본다. 종교적 심성은 없지만 저 초월자의 표정이 무엇을 의미하는지 생각한다. 그러면 마음이 조금 내려놓아진다.

사람을 대하는 고단함

누구에게나 피하고 싶은 사람 유형이 있다. 내 경우에는 무슨 애길 꺼내도 "그게 아니지" 하고 답하는 부류다. 대화는 서로 마음속에 있는 것을 꺼내서 공유하는 과정이다. 내 생각은 이렇다 하고 상대방에게 보여 주는 것이다. 그런데 무슨 말을 꺼내도 돌아오는 대답이 "그게 아니지"인 사람이 있다. '일단 네가 하는 말은 틀렸으니 내가 하는 말을 들어 봐라'라는 선언이다. 그리고 한참 본인 의견을 말한다. 그걸 듣고 내 생각을 실어 답을 해봐도 대개 "에이 그게 아니지"를 몇 번 더 반복한다. 대화는 하는데 생각이 공유되지 않는다.

이런 사람들 꽤 많다. 대화의 주도권을 빼앗기기 싫어하는 사람들이다. 나아가 관계에서의 주도권도 독점하고 싶어 한다. 네가 틀리고 본인이 맞아야 우위에 설 수 있다는 심리가 아닐까. 내 선입견을 좀 더 얹어 보면, 이런 부류는 자존감이 약한 사람이거나 늘 갑의 위치로 살아온 행운아인 경우이다. 스스로 한 말이 틀릴 때 감당할 자존감이 없으면 남을 부정할 수밖에 없다. 남이 본인을 부정하는 것을 경험하지 못한 사람에게 자기가 틀리는 경우의 수는 없다. 둘 중 어느 유형이건 내가 괴롭긴 마찬가지다.

주위에 '그게 아니지 MAN'이 많으면 인생이 급격하게 피곤해진다. 내 생각, 내 감정은 안중에 없는 사람들이다. 누구보다 자신이 더 중요한 사람들이다. 소통으로서의 대화는 무의미하다. 업무에 크게 영향을 주는 사람이 이러면 월급은 안 늘고 괴로움만 늘어난다. 하나 첨언하자면, '그게 아니지'와 쌍둥이는 '내가 아는데'이다.

'그게 아니지 MAN'과 대부분의 일이 얽혀 힘들었던 시기가 있었다. 무슨 말을 꺼내도 틀린 말이 되었다. 새로운 발전 방향이나 아이디어를 제시하는 것 자체가 불가능했다. 상상해 보시라. 열심히 준비해서 아이디어를 설명한다. 바로 답이 돌아온다. "에이 그게 아니지." 맥이 탁 풀린다. 원래 새로운 아이디어 중에 누구에게나 이거다 싶은 것은 거의 없다. 아무것도 없는 맨땅에서 일구는 것은 아주 힘든 일이다. 별것 아닌 것을 뒤집어 보고 톺아 보고 해야 의미가 찾아지는 법이다. 좋은 것이든 썩은 것이든 그 땅 위에 뭐라도 올리지 않으면 시작이 안 된다. 쌓다가 틀리면 방향이나 틀 수 있지만, 아무것도 얹지 않으면 끝까지 빈 땅만 남는다. 그게 아니지 신공으로 쳐내기만 하면 아무 일도 벌어지지 않는다.

'그게 아니지 MAN' 앞에서 뭐 하나 마음대로 되는 게 없었다. 남의 성격을 바꿀 수는 없는 법이다. 내 생각을 내려놓고 최대한 맞춰 가려고 애썼다. 하지만 그런 것도 하루이틀이다. 영원히 아무 일 없이 유지될 수는 없었다. 난 낯빛이 거무튀튀해지고 사람 만나기를 꺼려 하는 인간이 되어 가고 있었다.

사유의 방

괴로움에 몸부림치던 그때 '사유의 방'을 알게 되었다. 한국을 대표하는 두 반가사유상을 동시에 만나는 귀한 공간이다. 사유의 방이 생기기 전에는 직접 보기도 힘든 걸작들이었다. 운 좋게 전시품으로 나와 있어도 유리창 너머로 죄수 면회하듯 했어야 했다. 박물관은 '작품의 무덤'이라고 평가절하된다. 작품이 원래 놓여 있던 환경이나 맥락과 무관하게 박물관의 논리에 맞는 공간에 전시되기 때문이다.

하지만 사유의 방은 달랐다. 온전히 반가사유상을 감상할 수 있도록 공간을 만들어 놓았다. 전시실의 색, 질감, 조명, 관람 동선, 관람객의 시선 위치까지 배려되어 있어 위대한 작품을 더욱 돋보이게 하고 있었다. 그 깊이를 알 수 없는 심오한 표정을 바로 눈앞에서 볼 수 있었다. 머리끝에서 시작해 얼굴에 닿을 듯한 손을 지나 발까지 이어지는 유려한 선을 또렷이 관찰할 수 있었다. 작품의 아름다움에 놀란다. 이런 작품을 만든 예술가의 깊은 심성을 찬양한다. 그리고 이 초월자의 고요한 얼굴에 마음을 위로받는다. 놀라운 경험이었다.

반가사유상(半跏思惟像)은 '한 다리를 무릎에 얹은 자세로 생각을 하고 있는 조각상'이라는 뜻이다. 더 이상 설명이 필요 없는 이름이다. 예전엔 이 작품을 '미륵보살 반가사유상'이라고 불렀었다. 불교에는 여래(如來)와 보살(菩薩)이 있다. 여래는 완전히 깨달은 존재를 말한다. 세상의 온갖 번뇌를 벗어나 완벽하게 평안한 상태다. 보살은 여래가 될 수 있는 모든 조건을 갖춘 자이다. 그러나 스스로 세운 고귀한 목표인 '서원(誓願)'을 이룬 후 여래가 될 것을 천명한 존재들이다. 관음보살은 이 세상에 고통받는 중생이 없어져야 여래가 되겠다는 서원을 가진 분이다. 지장보살은 지옥의 중생을 모두 구제하겠다는 서원을 세운 분이다.

미륵은 아직 인간계에 나타나지 않은 보살이다. 미래에 나타나 중생들을 구제한 후 여래가 될 존재이다. 미륵보살은 도솔천이라는 하늘에서 어떻게 중생들을 구제할지 깊은 생각에 빠져 있다. 이런 교리 때문에 한국사에서 민초들의 마음을 얻으려 했던 많은 지도자나 사이비들이 자신을 미륵이라고 칭했다. 내가 너희들이 바라 마지않았던 미래불의 환생이라는 것이 레퍼토리이다.

미륵은 저 하늘 위에서 어떤 생각을 하고 있을까. 자신의 안위에 대한 것은 그 속에 없다. 오직 번뇌에 빠진 중생들의 고통을 덜어 줄 방법을 깊이 고민하고 있을 것이다. 반가사유상이 미륵보살의 형상이라고 특정하기 어렵다는 것이 학계의 주장이다. 그렇다 보니 '미륵보살'이란 말을 빼고 반가사유상이라고 부르고 있다. 하지만, 본질은 변하지 않는다. 저 초월자는 인간의 번

뇌를 뛰어넘는 진리에 대해 생각하며 온화한 표정으로 우리에게 깨달음을 주려 하고 있다. 자신은 이미 초월하여 거슬리는 것 없는 상태다. 무엇을 대면해도 마음이 평안한 존재다. 그렇게 되기 위해 수많은 노력을 했을 것이다. 겪어 본 자만이 얘기할 수 있는 깊은 노하우가 있을 것이다. 그 깨달음을 무지한 사람들에게 쉽게 전해 주고 싶을 것이다. 그렇게 절대적인 평안함으로 인도하고 싶을 것이다. 이 모든 것이 반가사유상에 형상화되어 있다.

헛된 집착, 그리고 인연

불교철학을 들여다보면 근대 서양 인식론과 닮은 면이 있다. 칸트는 세상을 보는 관점을 바꿔 서양철학의 판을 뒤집어 놓았다. 그의 인식론을 극단적으로 도식화하자면, 본 대로 생각하는 것이 아니라 생각한 대로 보여진다는 주장이다. 그의 철학 이전엔 바깥에 대상이 있고, 우리의 인식은 그것을 따라간다고 생각했다. 상식적으로 "그게 맞는 것 아니야?" 하고 물을 수 있겠다. 하지만 꼭 그렇지만은 않다는 것을 자주 느낀다. 우리는 머릿속에 가진 개념에 맞춰 대상을 판단하고 세상을 본다. '개념 없는 사람'과 대화를 하기 힘든 건 그의 세계가 다른 사람과 너무 다르기 때문 아니겠는가. 불교도 매우 비슷하다. 어리석은 중생들은 바깥의 대상을 자기 마음대로 받아들이고 본인의 개념으로 만들어 가는 과정, 오온(五蘊)을 거친다. 이 과정이 모여 나의 세상이 만들어진다. 그리고 그것이 전부인 양 착각한다.

문제는 이 인식 과정이 늘 옳게 작동되지 않는다는 것이다. 상상해 보자. 어두운 숲을 걸어가던 사람이 있다. 그런데 저 앞에 뱀을 발견한다. 너무 놀라서 뒤로 도망쳤다. 그런데, 사실 그것은 썩어 가는 동아줄이었다. 도망친 사람에게 그것은 동아줄이 아니라 뱀이다. 본질과 무관하게 허상으로 인식을 채운다. 그는 착각이란 걸 모르고 무서운 기억을 하나 가진다. 아마도 그 경험이 인생을 살아가는 데 조금이나마 영향을 줄 것이다. 다른 사람을 만나 '뱀 만난 썰'을 풀며 영향을 주기도 한다.

불교의 유식론(唯識論)은 인간 인식의 허망함을 파고든다. 뱀과 동아줄의 일화처럼 인간의 인식은 일시적인 감각과 감정의 집합일 뿐이다. 그런데도 인간의 감각은 허상을 믿고 집착을 낳는다. '그게 아니지 MAN'처럼 본인 생각이 맞아야 한다. 본디 허무한 인식뿐인데 어리석은 중생이 그것에 집착한다. 그리고 이 집착이 남을 괴롭히는 고통이 된다.

인식은 주변의 영향도 받는다. 향을 싼 종이에서는 향냄새가 나고 생선을 싼 종이에서는 비린내가 나는 법이다. 나라는 사람은 주위의 인연에 밀접하게 영향을 받는다. 불교에서는 제석천이 온 세상을 그물망으로 덮어놓고 그 아래 촘촘히 유리알을 달아 놓았다고 전한다. 인간은 그 유리알과 같아서 서로가 서로를 비추고 연결되어 있다. 하나에서 그다음으로 또 그 옆으로 무한히 연결된다. 나의 집착은 내게서 끝나지 않는다. 그것은 남에게 영향을 주고 다시 나 또한 영향을 받는다. 내가 온전히 빛나려면 나를 닦음과 동시에 선한 영향력을 주고받아야 한다. 내가 가진 세계가 집착에 찬 것을 깨닫고, 좋은 인연을 맺는다. 상상만 해도 평안한 삶이 그려지지 않는가?

그럴 수도 있겠다

반가사유상의 얼굴은 집착의 고통을 끊어 낸 평화로운 모습이다. 이 위대한 깨달음을 가르쳐 주기 위해 깊이를 짐작하기 어려운 생각에 잠겨 있다. 해탈에 다다르기 위해 실천할 수 있는 방법들을 구상하고 있을 수도 있겠다. 바른 견해를 가지고 치우침 없이 세상을 보고(正見), 바른 마음가짐으로 이치에 맞게 생각(正思惟)해야 한다. 이런 생각을 통해 바르게 말하고(正語) 몸으로 실천(正業)할 수 있어야 한다. 나아가 이 모든 것을 생활 습관으로 받아들여(正命) 끊임없이 노력(正精進)해야 한다. 늘 정신 똑바로 차리고 깨어 있어야(正念)하는 것은 물론이고, 마음의 평정을 찾도록 집중(正定)해야 한다. 이 여덟 가지 가르침(八正道)을 다 하려니 벌써부터 힘들게 느껴진다. 그래서 나는, 일단 가장 쉬운 것부터 실천해 보려 한다. '그게 아니지 MAN'이 되지 않기 위해 내 생각과 다르더라도 일단 긍정부터 하려 한다. "그럴 수도 있겠다." 일단 한 박자 내 생각을 내려놓고 상대방을 이해해 보려 한다. 그리고 내가 틀린 것은 아닌지 반성해 보려 한다. '그럴 수도 있겠다'라는 짧은 말 한마디를 건네며 반가사유상의 얼굴을 떠올려 본다.

+α
붓다(Gautama Buddha, 釋迦牟尼)
: 오온개공

✱

우리나라에서 불교는 기복신앙의 이미지가 강하다. 도처에 **사(寺), **암(庵) 같은 시설들이 많다. 가서 절하고 시주하고 소원을 빈다. 중생들을 도와 구제하려는 대승불교 전통에 토착신앙이 밀착되어 발달한 결과다. 그러나 불교는 그리 간단한 종교가 아니다. 철학적 깊이가 엄청나서 근현대 서양철학에 많은 영향을 줬다. 불교철학을 들여다보면 인간이 어떻게 세상을 인식하고 괴로움에 빠지며, 그것을 벗어나기 위한 실행방법은 어떤 것이 있을지 그 힌트를 얻을 수 있다.

불교에서 말하는 집착과 번뇌를 이해하려면 오온(五蘊)을 알아야 한다. 인간이 무엇을 경험하고 어떤 존재가 되는 것인지 그 과정을 설명해 준다. 오온은 아주 중요한 개념이기 때문에 불교의 진리를 압축한 반야심경의 첫머리부터 언급이 된다. '관음보살이 완전한 지혜에 따라 행동할 때(行深般若波羅蜜多時, 행심반야바라밀다시) 오온이 모두 비어 있는 것임을 비추어 보고(照見五蘊皆空, 조견오온개공) 온갖 고통을 건너간다(度一切苦厄, 도일체고액)'는 말로 시작한다. '오온이 모두 비어 있다(五蘊皆空, 오온개공)'는 것이 불교의 가르침을 이해하고 실천하는 시작점이 된다는 것을 미루어 짐작할 수 있다.

  오온은 인간의 존재를 구성하는, 혹은 그 과정에서 작용하는 다섯 가지 요소를 말한다. 색(色), 수(受), 상(想), 행(行), 식(識)으로 구별된다. 색은 육체와 그 감각기관의 작용을 말한다. 눈, 귀, 코, 혀, 몸이 외부 세계와 접촉하고 경험을 일으키는 것을 의미한다. 아직 호불호를 판단하지 않은 감각과 작용 그 자체를 말한다. 수는 감각기관에서 접촉했을 때 내가 받아들이는 것을 말한다. 이때 반응은 좋다, 나쁘다, 좋지도 나쁘지도 않다 중 하나로 나타난다. 여기서 호불호를 느끼며 욕망이 발생하기 시작한다. 상은 이런 경험들에 대해 이미지나 개념을 줘서 인지하는 것이다. 경험을 내 방식으로 해석해서 받아들이는 과정이다. 행은 마음의 작용을 말한다. 자신의 의지를 적용해 현재 상태를 지속할 것인지 멈출 것인지 등을 판단한다. 식은 판단하는 능력으로서, 인간이 주체적으로 인식하는 모든 것을 포함한다. 내가 남과 구별되는 주관을 가지는 것은 식이 있기 때문이다. 식이 모여 내 주관이 되고 내 주관에 따라 세상이 펼쳐진다. 이렇게 오온의 작용으로 나 자신이라는 '식', 즉 개인의 존재가 성립된다. 불교에서는 '나'라고 말하는 것은 이 오온의 요소 중 하나 또는 다수를 지칭

하는 것과 다를 바 없다고 말한다.

　오온은 서로 영향을 주며 매 순간 생기고 없어지는 요소들이다. 개인의 존재가 오온에 의해 성립되는데, 그 구성요소가 생멸 변화하는 것이니 불멸의 실체는 있을 수 없다. 그런데 실체 없는 자아가 영원하리라 집착한다. 이런 집착을 오취온(五取蘊)이라고 말한다. 변하고 사라지는 것을 붙잡고 집착하니 괴로움에서 벗어날 수가 없다. 그래서 반야심경 첫머리에 오온이 모두 비어 있다는 것을 알고 괴로움을 건넌다고 말한 것이다.

　내가 생각하는 것이 언제나 옳을 수 없다. 오온의 관점에서 나의 존재 또한 절대적이지 않다. 내가 허망한 욕심으로 뭉쳐진 세상 속에서 살고 있는 것은 아닌지, 그 집착의 덩어리를 나 자신으로 생각하고 있는 것은 아닌지 생각해 볼 문제다.

집이란 무엇인가

마당 넓은 집

내가 어린 시절을 보낸 집엔 넓은 마당이 있었다. 겨울이 지나면 개나리가 피며 봄을 알려 주고, 따뜻해지는 날씨에 살구꽃, 라일락이 흐드러졌다. 수국이 필 때쯤이면 몇 날 며칠 내리는 장대비를 구경했다. 가을엔 꽃밭 가장자리를 따라 피는 국화 향기가 지금도 또렷이 기억난다. 날아다니는 벌을 잡다가 쏘이기도 하고, 땅을 파서 온갖 장난을 치기도 했다. 동네 친구들을 불러 마당을 헤집고 뛰어다니는 것이 일상이고 즐거움이었다.

윗집과 마주한 축대 밑에는 어머니가 키우시는 배추가 자랐다. 장독대 한편에는 매년 호박씨를 심어 덩굴이 자랐다. 블록 벽에 석면 슬레이트를 얹은 허름한 창고에는 노란 호박꽃이 피고 달착지근한 호박이 열렸다. 호박을 따는 역할은 가장 어리고 몸집이 작은 내 몫이었다. 창고 지붕에 열린 호박을 따러 올라가 혹여나 슬레이트가 깨지면 낭패가 벌어질 일이었다.

다른 구석에는 쓰지 않는 우물이 있었다. 옆집과 반반 걸쳐 있어서 아마도 옛날에는 같이 식수로 썼을 법했지만, 두레박 없이 닫혀 있었다. 얼마나 깊은지, 물은 있는지 늘 궁금했다. 나무 뚜껑을 조금 열고 소리를 질러 보면 작은 메아리가 돌아왔다. 모래를 한 줌 떨어뜨리면 멀리 물에 닿는 소리도 들렸다. 으스스한 상상이 마음속에 일어나는 곳이었다.

물론 이렇게 아름다운 것만 있지는 않았다. 그 집은 일본인들이 만든 단층 적산가옥이었다. 낡고 오래된 건물이었다. 넓은 마당에 비해 좁게 지은 집에 여섯 식구가 오골오골 모여 살았다. 낡은 집은 추위를 지켜 주기엔 힘이 벅찼다. 겨울엔 두터운 양말을 신지 않고서는 마루를 지나기가 어려웠다. 잠을 자려 누우면 천장 위를 달리는 쥐 소리가 들렸다. 아침에 일어나면 욕실에 받아 놓은 물이 모두 얼어 있었다. 게을렀던 나는 물이 얼었다는 핑계로 씻지 않고 학교를 간다고 떼쓰기도 했다.

여름에 비가 많이 오면 지붕이 새 천장 벽지가 볼록하게 부풀었다. 점점 커져서 언젠간 터질라 쪼그리고 앉아 쳐다보고 있었던 적도 있다. 보도블록도 잔디도 없던 마당은 장마엔 온통 진창이 되어 연탄재를 깨 길을 만들고야 다닐 수 있었다. 일본식으로 지어 실내에 재래식 화장실이 있던 집이었는데, 비가 유독 많이 오면 어머니가 그것부터 걱정했던 기억이 난다. 화장실이 집 안으로 넘치면 큰일이 아니겠는가. 주말 아침에는 아버지의 불호령으로 졸린 눈을 비비며 온 가족이 마당에 집합했다. 마당 구석구석 나오는 잡초를 뽑아야 했기 때문이다. 어린 마음에 그게 얼마나 싫었던지.

꽃밭에서

돌이켜 생각해 보면, 그 시절 기억은 다 아름답다. 나이가 들어 기억이 윤색된 결과일지도 모른다. 번거로운 집안일은 다 어른들의 몫이어서 좋은 것만 기억이 남았을 수도 있다. 하지만, 불편함이 있었기 때문에 더 즐거운 것은 아니었을까 생각한다. 어린 시절 소소한 일상들은 결핍의 연속이었다. 문만 열고 들어가면 따뜻한 요즘 집들에 비하면 그때 겨울 집 안은 시베리아 벌판 수준이었다. 아무 때나 온수가 나오는 수도꼭지도 없고, 에어컨이란 건 들어 본 적도 없던 때였다. 그래도 그게 이상하다고 생각하지 않았다.

뜨거운 해가 지고 마당의 평상에 누우면 얼마나 시원했는지. 모기향을 하나 피우고 엎어져서 그림 그리는 것을 좋아했다. 그걸 아빠 엄마에게 보여 주며 자랑하고 행복해했다. 비가 온종일 내리는 날 젖는 줄도 모르고 마당으로 모험을 떠난다. 질척이는 흙에서 맹꽁이를 발견하고 쳐다만 봐도 시간 가는 줄 모르게 재미있었다. 손이 꽁꽁 얼도록 밖에서 놀다가 장판이 까맣게 탄 아랫목 이불 안으로 뛰어들었을 때의 따뜻함은 어디에 비할 수 없었다. 장난감은 없어도 세상 모든 것들이 놀거리였다. 자연을 정확하게 인식하지 못했지만 그 모든 것을 친구로 가지고 있었다.

모두 다 그렇게 살던 시절이었다. 내가 살던 동네의 집들은 대개 그런 단층 주택으로 되어 있었다. 지방 도시에서 아파트라는 건 특별한 주거형태였다. 집이라고 하면 지붕이 있고 마당도 있는 그런 것이라고 생각했다. 꼬맹이 시절을 보내고 고교시절에 이사 간 집도 별반 다르지 않았다. 지붕이 있고 마당이 있는 집. 다른 점이라면 2층이 있어서 방이 하나 늘어났다는 정도였다. 그때 내가 꿈꿨던 행복한 나의 미래 모습은 자연스레 동요 '꽃밭에서' 같은 것이었다. 꽃이 피어 있는 정원과 잘 지은 집에 가족과 함께 사는 것이 내가 상상할 수 있는 최대한의 행복이었다.

아파트라는 것

대학에 진학을 하고 처음으로 집을 떠났다. 서울에 홀로 올라와 짧은 하숙생활을 했다. 병역을 마치고 복학할 때, 결혼하고 자리를 잡은 형 집에 얹혀살게 되었다. 내 인생 처음으로 아파트에 살게 된 것이다. 신혼부부가 시작할 때 흔히 사는 구조의 복도식 아파트였다. 복도에서 문을 열고 들어가면 바로 옆에 작은 방이 하나 있고 안쪽으로 거실 겸 안방이 있는 조그만 집이었다. 아파트는 듣던 대로 살기 편했다. 일 년 내내 큰 변동 없는 실내 환경이 유지되었다. 작은 집이었지만 생활에 필요한 모든 것이 다 갖춰져 있었다. 집 근처의 편의시설들도 쉽게 이용할 수 있었다. 십여 분 걸어 나가면 전철역이 있어 시내 어디든 쉽게 오고 갈 수 있었다. 집이 가져야 하는 효율성을 집약하여 만든 아주 합리적인 주거형태라는 것을 인정하지 않을 수 없었다.

누군가 르코르뷔지에(Le Corbusier)가 서울에 오면 기쁨의 환호성을 지를 것이라는 우스갯소리를 했었다. '집은 기계가 되어야 한다'며 모더니즘 건축을 열어젖힌 그는 건축의 합리적 효율성을 강조했다. 이런 그가 생각했던 도시의 모습에 서울이 가장 가깝지 않겠느냐는 말이다.

르코르뷔지에가 2차 대전 후 도시 재건을 위해 설계한 '유니테 다비타시옹(Unitè d'habitation)'은 현대 아파트의 효시로 여겨진다. 거대한 콘크리트 구조물로 만들어진 이 건축계획은 1,600명이 살 수 있는 아파트가 340여 채 들어가도록 되어 있었다. 주거 공간 외에도 쇼핑가와 편의시설을 갖춘 내부 공간이나 옥상의 유치원, 체육시설 등 하나의 작은 도시가 되도록 만들어졌다. 지금 우리가 생각하는 아파트 단지의 모습과 크게 다를 바가 없다. 하지만, 이 주거단지가 들어섰을 때 프랑스 사람들은 멋대가리 없는 '미치광이 집'이라고 욕했다고 한다. 자연과 함께 하는 주거형태에 익숙한 사람들 눈에 실용성을 극대화한 집은 사람

사는 곳으로 보이지 않았던 모양이다.

한국도 한창 아파트가 새로 들어서던 시절에는 그 삭막함에 대해 비판하는 목소리가 꽤 많이 들렸다. 하지만 먹고사는 일이 너무도 바쁜 이곳에서 자연과 함께하는 낭만은 사치일 뿐, 지금은 효율성을 극대화한 아파트가 주거의 표준이 되어 버린 지 오래다. 말 그대로 '사는 기계로서의 집'이 가장 보편적인 나라에 살고 있다.

한 발짝 더 나아가면, 집은 살기 위한 것만이 아니게 되었다. 집은 자산 증식의 수단으로 인생을 걸고 가져야 하는 목표가 되었다. 한강의 기적을 보이며 고도로 성장하던 시절 부동산은 그야말로 황금알을 낳는 거위였다. 서울과 인근의 땅들은 개발이 되며 수많은 부자들을 만들어 냈다. 그곳에 들어선 아파트들은 수십 년간 불패신화를 써나갔다. 절대로 떨어지지 않고 증식하는 자산이라니, 그만큼 좋은 것이 어디 있겠는가. 쓸데가 어디인지 모를 주식도 아니고, 들어가 살고 있기만 하면 돈이 불어나는 신통방통한 물건이 바로 아파트였다.

이러니 이 땅에서는 누구나 직업을 가지기 시작하면서부터 허리띠를 졸라매고 아파트 한 채를 사기 위해 전력 질주한다. 돈을 모을 여력이 없는 사람들은 점점 외곽으로 밀려났다. 밖으로 밀려나 파김치가 되도록 출퇴근을 하면서 '내 언젠가는 인서울 아파트를 사리라' 다짐한다. 그렇게 '인서울 아파트'를 사면 성공한 인생이라는 박수 소리 듣게 된다. 그 아파트에 사는 데 뭐가 편하고 좋은지는 그다음에 물어볼 질문이다.

레이스를 뛰고 허들을 넘어

나 역시 비슷한 생각으로 집을 향해 달렸다. 직장을 가지고 처음 마련한 집은 11평 반지하 전세방이었다. 하루가 멀다 하고 밤을 새고 일이 좀 없는 날엔 새벽녘 밝을 때까지 술을 마시는 PD 생활이 지속되던 때였다. 회사에서 멀리 살다가는 길거리에서 불귀의 객이 될, 정신없던 시절이었다. 잠을 자는 것 외에는 별여유가 없던 때라 집에 필요한 것이 많지 않았다. 정신이 오락가락해도 찾아갈 수 있는 가까운 거리면 됐다. 습한 공기도 그럭저럭 괜찮았다. 그래도 칙칙한 빛이 드는 창을 술이 덜 깬 눈으로 쳐다보며 '아파트로 가야 한다'라는 생각이 든 건 당연한 사회적 학습의 결과였을 것이다.

남들처럼 하루하루 쳇바퀴를 돌려 돈을 모으고 아파트를 샀다. 회사에서 너무 멀어 들어가 살기엔 어려운 집이었다. 하지만 저거라도 사놓아야 다음을 도모할 수 있겠단 판단으로 처음 내 집이란 걸 장만했다. 그렇게 내 집엔 세입자를 놓고 나는 세입자로 남의 집에 사는 몇 년의 시간이 흘렀다. 남들과 함께 아파트 레이스를 뛰었지만, 내 마음속에 가지고 있던 '꽃밭에서'의 집은 지워지지 않았다. 근교에 놀러 갈 때 전원주택이 보이면 그냥 지나치지 못했다. 식사를 하러 시내에 나가도 근처에 남아 있는 주택지가 있으면 산책하며 구경하기도 했다. 아마도 내가 산 아파트는 내게 '집'이 아니었던 것 같다. 아파트는 수단이고 정말 가지고 싶은 집은 어릴 적 뛰어놀던 마당이 있는 공간이었나 보다.

꽤 오랜 기간 전세로 살던 아파트 계약이 끝나갈 때였다. 또 아파트로 이사를 가고 싶지 않았다. 그렇다고 주택을 덜컥 사서 들어갈 여력도 없었다. 길바닥에 나앉을 수는 없으니 결정을 해야 했다. 주택 전세를 찾아보자. 내가 그런 곳에서 살 수 있는 인간인지 시험에 들어가 보자. 부동산 사이트에서 내가 가진 여력으로 들어갈 수 있는 주택들을 찾아서 리스트를 만들었다. 그리고 시간이 날 때마다 차례로 순방을 하는 강행군을 시작했다. 그렇게 몇 주를 들여 내 눈엔 적당한 -하지만 아내의 눈에는 맘에 들지 않았던- 주택을 계약했다. 지금 돌이켜 보면 참 무식해서 용감했던 결정이었다.

집주인이 살지 않아 관리가 안 된 주택은 정말 해야 할 일이 많았다. 회사일을 하고 남는 시간은 거의 모두 집을 관리하는 데 들였다. 하나부터 백까지 직접 손을 대지 않고는 해결되는 것이 없었다. 어릴 때 느꼈던 주택의 불편함은 세월이 지나도 완전히 고쳐질 수 없다는 것도 알게 되었다. 하지만 난 즐거웠다. 주택에 사는 것이란 이런 느낌이구나. 난 정원이 있는 집에 살 수 있는 사람이었구나. 그렇다. 난 시험에 통과한 것이다.

사람 사는 집, 그리고 인연

주택은 불편한 점이 너무 많다. 공동으로 살며 관리인이 있는 아파트와는 너무도 다르다. 모든 문제를 스스로 해결해야 한다. 사고파는 것도 너무 불편하다. 아파트가 규격화된 제품이라면 주택은 개별적으로 너무 다른 상품이다. 그만큼 내놓아도 잘 팔리지 않는다. 주택담보 대출도 아파트에 비해 형편없이 적은 돈만 가능하다.

하지만, 잠시 생각을 정리하고 머릿속에 '집'을 떠올려 보자. 무엇이 떠오르는가? 태어나서부터 평생을 아파트를 집으로 알고 살았던 아이들에게 집을 그려 보라고 하면 아직도 대부분 세모난 지붕에 네모난 창이 달린 집을 그린다고 한다. 마당에 꽃이 있고 가족이 뛰어노는 행복한 모습을 공유하는 것이 아직도 이상적인 집의 모습이다.

  집의 본질이 무엇인지 잠시만 생각해 보면 바로 알 수 있다. 주거의 효율성만으로 채워지지 않는 집의 역할이 있다. 현실이라는 전쟁터에서 잠시 벗어나 내가 가장 평화롭게 휴식을 취할 수 있어야 하는 곳이 집이다. 주말마다 캠핑을 가고 펜션을 찾는 것은 아파트에서 느끼기 어려운 집의 감성을 채우기 위해서는 아닐까. 집이 자산으로서 가지는 가치를 부정할 수는 없다. 단독주택에 산다고 집값이 떨어지는 것을 아무렇지도 않게 생각할 리는 없다. 하지만, 주택은 평균가격이라는 것이 없어서 아파트만큼은 가격 변동에 민감하지 않다.

  가진 자산을 모두 정리하고 정원이 있는 집을 샀다. 가진 돈이 주는 현실적 한계를 벗어날 수는 없는 법, 가능한 수준에서 최선의 선택을 하기 위해 많은 시간을 들였다. 모든 집은 주인과 인연이 있다는 말이 헛된 것이 아니라는 경험도 많이 하게 되었다. 지금 내가 살고 있는 집은 애초에 예산보다 살짝 초과하여 아쉽지만 후보에서 제외했던 곳이었다. 다른 집을 사기로 하고 도장을 찍기 이틀 전이었다. 해괴한 꿈을 꿨다. 꿈을 잘 기억하지 못하는 편인데도 뭔가 심상치 않은 일이 일어날 것 같은 느낌이 들었다. 눈이 흩날렸던 그날 오후 부동산에서 급하게 전화가 왔다. 계약하려던 주인이 마음을 바꿨다고, 다른 집이라도 얼른 보자고. 그렇게 보게 된 것이 리스트에서 제외했던 지금 집이다. 시간이 늦어 어두웠지만, 집을 구경하자마자 우리 부부 모두 '아 이 집이구나' 하는 느낌을 공유했다. 설명하기 어려운 포근함이 온몸으로 느껴졌다. 집값도 협상이 되어 무사히 계약을 마칠 수 있었다.

心閑齋(심한재)

정원관리가 취미생활이 될 정도로 많은 시간을 집에 할애하고 산다. 그래도 철따라 날리는 꽃잎을 볼 수 있고, 일하다 그늘에 쉬며 맞는 상쾌한 바람에서 행복을 느낀다. 아파트라는 주거형태를 최초로 구현한 르코르뷔지에는 말년에 조그마한 통나무 오두막집을 지어 그곳에서 많은 시간을 보냈다고 한다. 그가 생각한 주거의 합리성은 자연과 멀어지는 것이 아니었나 보다 하고 짐작해 본다. 효율적으로 사는 삶은 필요 없는 것을 버린 일상에서 나온다. 그는 그것을 실천하고 최소한의 것만을 갖춘 오두막 집으로 들어갔다. 난 집이 가지는 여러 의미에서 다른 것은 잠시 접고 내가 고른 가장 본질적인 의미에 집중하며 살고 있다. 지금 나는 어릴 적 꿈에 아주 가까운 삶을 살고 있다.

심한재(心閑齋), 마음이 한가로운 집. 내가 지어 준 이름이다. 내가 좋아하는 이백(李白)의 '산중문답(山中問答)'에서 따왔다.

問余何事棲碧山(문여하사서벽산)
笑而不答心自閑(소이부답심자한)
桃花流水杳然去(도화유수묘연거)
別有天地非人間(별유천지비인간)

왜 푸른 산에 사는가 내게 물으면
웃으며 답하지 않아도 마음은 저절로 한가롭기만 하다
복숭아꽃 물 따라 아득히 흘러가니,
이곳은 별천지, 인간 세상이 아니라네.

내가 산속에 사는 것도, 복숭아꽃 흐르는 별천지에 사는 것도 아니다. 그래도 난 바란다. 앉아 있는 것만으로도 마음이 한가로워지는 공간, 그것이 내가 바라는 가장 행복한 집이다.

+α

르코르뷔지에(Le Corbusier)
: 모더니즘 건축

✺

르코르뷔지에는 르네상스맨이었다. 건축가로 가장 많이 알려져 있지만, 그것으로 끝나지 않는다. 화가로 이력을 시작했다. 유능한 디자이너이기도 했다. '어 이게 르코르뷔지에 디자인이야?'라고 할만한, 지금까지도 쉽게 볼 수 있는 의자를 고안해 낸 사람이다. 꼼꼼한 글쓰기를 한 작가이기도 했다. 못 하는 것 없는 천재였다. 그런데, 이 사람이 몰개성의 끝판왕인 아파트의 시조라니 좀 이상하다는 생각이 들지 않으시는지?

"집은 거주하기 위한 기계다(Une maison est une machine a habiter)." 이처럼 대놓고 몰개성을 선언하는 느낌의 문장이 있을까. 이 말만 똑 떼어 내서 보면 르코르뷔지에가 예술성은 다 개나 줘버린 냉혈한으로 보인다. 그러나 늘 반전은 있는 법, 그의 사상을 잘 들여다보면 진심을 알 수 있다. 1920년대 르코르뷔지에는 화가들과 어울리며 퓨리즘(Purism), 즉 순수주의라는 미학이론을 만들어 냈다. 불필요한 장식들을 없애고 기능이 두드러지는 아름다움을 지향한다는 의미다. 20세기 초는 바야흐로 과학의 시대였다. 거추장스러운 화려함은 버려야 할 과거의 유산이었다. 이성을 바탕으로 한 기능성을 최우선으로 하는 모더니즘의 시대였다.

이런 맥락에서 그가 관심을 집중한 것이 효율성을 극대화한 기계들이었다. 그가 말한 기계는 우리가 지금 생각하는 공장 로봇과는 달랐다. 자동차 마니아들은 아마 알 것이다. 고성능 자동차나 바이크를 '머신'이라고 부른다. 기능성을 극대화하다 보면 아름다운 모습을 지니기도 한다. 멋진 고성능 스포츠카에 누구나 눈이 가게 마련이다. 즉, 르코르뷔지에에게 기계는 뛰어난 기능을 가져 일상의 필요와 맞닿아 있고 높은 완성도를 지향하는 것들이었다.

집도 마찬가지다. 생활의 불편함을 모두 걷어 내고 효율적으로 편안함을 제공하는 의미의 '기계'를 말했다. 이전 시기까지 유럽의 건축은 실용성과 거리가 멀었다. 벽으로 무게를 지탱해야 했기 때문에 두께가 엄청났다. 그래서 창문은 아주 작게만 만들 수 있어 채광을 거의 포기해야 했다. 르코르뷔지에는 철근 콘크리트 기둥을 모서리에 배치해 지지하는 돔-이노(Dom-Ino)시스템을 만든다. 이전보다 훨씬 단순하고 하중이 분산되어 채광량을 늘릴 수 있었다. 또, 현대건축의 5원칙을 만들어 기능 중심 건물의 근본적 형태를 제공했다. 내부 공간은 인체를 측정한 치수에 맞춰 사람에 맞게 설계했다.

　그의 이론은 현대건축을 완전히 바꾸어 놓았다. 더 쉽고 살기 좋은 건축이 가능해졌기 때문이다. 더욱이, 유럽은 세계대전을 겪으며 생활기반이 무너져 있었다. 터전을 잃은 사람들에게 인간 중심의 편안함을 효율적으로 제공하는 주거 기계만큼 좋은 것이 있었겠는가.

　르코르뷔지에는 예술성을 버린 것이 아니다. 완성도 높은 기능성이 바로 사람을 향한 예술이었다. 실제로 그가 지은 건물들이 모두 딱딱한 성냥갑 같은 모양으로 되어 있지도 않다. 한국에서는 그의 미학을 좁게 해석한 콘크리트 구조물들을 수없이 만들어 내고 있다. 그리고 거기에 모두 인생을 걸고 소유욕을 불태운다. 그가 지금 서울에 온다면 기쁨의 탄성을 지를지, 절망의 한숨을 내쉴지 자못 궁금하다.

제어할 수 없는
속도에 대하여

그림의 떡을 먹다

승마를 꽤 오랫동안 했다. 멋진 말을 타고 초원을 달리는 기분은 어떨까? 백마 탄 왕자님은 바라지도 않는다. 그 정도 현실 감각은 있다. 그래도 만주 평야를 질주하며 장총을 휘두르는 정우성을 본 사람이면 '와 멋있다'라는 생각을 하지 않을 수 없다. 영화의 주인공들은 왜 다들 그렇게 말을 멋있게 타는지, 은연중에 넋을 빼고 보게 된다. 그렇게 되지 못한다는 것, 잘 안다. 그래도 그 비슷하게라도 가보길 꿈꾸는 건 자유다.

승마는 귀족 스포츠 이미지다. '있어 보이는' 장점이 있다. 하지만 그런 이미지 때문에 아예 처음부터 시작할 생각을 못 했었다. 재벌가의 자제들이 승마 선수였다는 말을 심심치 않게 들었다. 나라를 통째로 들었다 놓았던 국정농단 사태 때에도 승마가 핵심 키워드였다. 태어날 때부터 금수저를 입에 물고 있던 사람들만 할 수 있을 것 같은, 막연한 벽이 느껴졌었다. 월급을 받아 빚 갚고 밥 먹는 보통사람들은 할 수 없는 운동이라고 생각했다.

그러던 중 나 같은 대다수의 인식을 깨기 위해 마사회에서 프로그램을 운영한다는 것을 알게 되었다. 도시 인근에 생각보다 많은 승마장이 있다는 것도 알게 되었다. 헬스장 가는 수준의 합리적인 비용으로 배울 수 있는 방법이 많다는 사실을 알게 되었다. 승마장 몇 군데를 둘러보고 체험 승마를 해보았다. 생각보다 더 재미있었다. 그렇게 그림의 떡 같았던 승마를 시작했다.

볼 포비아

운동을 그리 좋아하지 않는다. 타고난 운동신경이 둔하다. 어릴 적 호리호리한 체형 때문에 재빠를 것이라는 오해를 받곤 했지만, 뭐든 해보면 금방 탄로 난다. 공에 대해서는 약간의 공포증도 있다. 공에 맞은 트라우마 같은 것은 없다. 그래도 공이 내게 날아오면 일단 피한다. 공을 잘 다룰 수 있다면 그렇지 않겠지만, 둔한 신경에 어찌할 바를 모른다. 저걸 받을 수나 있을지, 받더라도 또 어떻게 해야 되는지 마음이 복잡해진다. 머리에서 시킨 대로 몸이 잘 안 되는데 어쩔 도리가 없다. 체육시간이나 친구들과 놀 때 열심히 뛰긴 했다. 그래도 안 되는 건 안 되는 것이었다. 죽자고 해도 잘 되지 않으니 즐겁지 않았다. 공을 더 멀리하게 되었다. 어느 순간부터는 저걸 가까이 하다간 다칠지도 모른다는 공포심이 마음속에 자란 듯싶다. 이렇게 공만 보면 놀거리가 생각나는 대부분의 남자아이들과 다른 정서를 가지고 자랐다.

승부욕도 별로 없는 편이다. 내가 직접 경기를 하든 응원을 하든 마찬가지다. 모든 스포츠 게임은 승부가 갈리는 결과가 나온다. 경기에 지고도 마냥 기분이 좋을 수는 없다. 하지만, 난 이겼을 때도 그리 좋지만은 않다. 선수들은 온몸의 힘을 쥐어짜 경기에 임한다. 엎치락뒤치락하며 조마조마한 경쟁을 펼친다. 모든 신경을 집중해서 몸을 컨트롤하고 실수를 하지 않기 위해 노력하는 시간을 견딘다. 그리고 쟁취하는 승리의 짜릿함! 그 감동을 모르는 바는 아니다. 그런데 난 이상하게 그 짜릿함은 잠깐 지나가고 허무함이 더 길게 느껴진다. 이긴 자의 쾌감에 죄책감이 든다.

　이기든 지든 혼신의 노력을 기울인 것은 마찬가지였을 것이다. 하지만 승자가 그 경기의 가치를 독점하는 것 같은 느낌이 들 때가 많다. 똑같이 노력했는데 둘 중 하나만 빛나는 것이 싫었다. 아름다운 승복, 진정성 있는 스포츠맨십이 언제나 존재한다는 것을 안다. 그래서 스포츠가 가치 있다는 것도 안다. 그러나 져도 상관없다면 처음부터 게임이 성립되지 않았을 것이다. 누군가는 져야 한다. 거기서 새로운 가치를 찾는 것은 패자의 몫이다. 마음이 불편해진다. 이렇다 보니 난 져도, 이겨도 유쾌한 기분이 들지 않아 허무함이 찾아온다. 승부욕이 생길 리 없다.

나를 이겨라

남과 경쟁하지 않는 운동을 찾게 된다. 나 스스로와 경쟁을 하는 것을 찾는다고 할까. 노력해서 조금씩 한계를 넘는 운동을 선택하게 된다. 나를 단련하여 체력을 기르고 스스로 발전하는 운동이 좋다. 그렇다고 웨이트 중심의 근력운동을 좋아하는 것은 아니다. 몸을 멋지게 만들어 보려는 생각을 단 한 번도 해본 적이 없다. 조각 같은 몸에 대한 환상이 없으니 지루할 뿐이다. 피트니스는 내 몸의 각종 수치들이 정상 근처에 머무르게 해줄 수 있는 정도로 만족한다.

이렇게 다 제하고 남은 것이 스키와 승마. 스스로 빨리 달리지 못해서 그런 것일까, 성격이 급해서 그런 것일까, 스피드를 내는 운동이 재미있다. 내 힘을 쓰지 않고 중력이나 동물의 힘을 빌려 달리는 것이니 게을러 보일 수도 있겠다. 그래도 그 에너지를 컨트롤하는 짜릿함이 온몸으로 전해진다. 평소엔 느껴 보지 못한 속도로 바람을 가르며 달리면 스트레스가 후두둑 떨어져 날아가는 것 같다.

하지만 승마를 해본 사람은 안다. 운동량이 어마어마하다는 것을. 말을 타고 앞으로 진행하는 방법은 몇 가지가 있다. 터벅터벅 걷는 '평보'. 그리고 그것보다 좀 빨리 경중경중 두 박자로 뛰듯

걷는 '속보'가 있다. 흔히 드라마나 영화에서 많이 보는, 다가닥 다가닥 세 박자로 뛰는 것을 '구보'라고 한다. 승마를 시작하는 사람들은 다들 멋지게 구보를 하며 달리는 것을 꿈꾼다. 그러나 거기까지 가는 게 쉽지 않다.

평보는 말이나 기수 모두 쉬는 자세다. 체험승마를 하면 누군가 고삐를 끌어 주고 평보로 가는 것을 잠깐 경험하게 된다. 크게 어렵지 않은 단계다. 그러나 속보로 넘어가면 얘기가 달라진다. 다각다각 뛰는 말의 움직임에 내 몸을 맞춰 주지 못하면 말도 힘들고 내 꼬리뼈도 피곤해진다. 이것을 피하기 위해 끊임없이 앉았다 일어났다를 반복해야 한다. 뛰듯이 걷는 말 위에서 스쾃을 하는 셈이다. 달리다 보면 내 몸에서 나는 열과 말의 체온이 더해져 땀이 쏟아지기 시작한다. 다리는 후들거리고 허리는 끊어질 것 같다. 그래도 멈추면 안 된다. 그렇게 앉아 버리는 순간 말도 멈춘다.

모든 스포츠에 기본기가 있듯, 승마의 기본기는 속보다. 속보를 마스터하지 못하면 다음 단계로 넘어갈 수 없다. 더 중요한 점은, 속보의 자세가 바르게 잡혀야 승마를 하는 사람이 '있어' 보인다는 것이다. 꼿꼿하고 품위 있는 승마를 생각한다면, 이 기본기를 완전히 마스터해야 한다. 지겨워도 내가 노력하고 극복하지 않는 한 품위 있는 승마의 경지엔 다다를 수 없다.

눈치게임

승마를 할 때 잊지 말아야 할 점이 또 하나 있다. 내가 타고 있는 것이 지능과 감정을 가진 동물이라는 사실이다. 말은 올라타기만 한다고 달리지 않는다. 차를 몰 때는 차의 감정을 생각할 필요가 없다. 엑셀을 밟고 방향에 맞춰 운전대를 감고 브레이크를 밟으면 된다. 그런데, 그 차가 갑자기 자신의 의지가 생겨 내 말을 안 듣는다면 어떤 느낌일지. 차가 눈이 많이 온 날 나가기 싫다고 맘대로 안 움직인다든가, 어제 가벼운 접촉사고가 나서 오늘은 유달리 거칠게 반응한다면 어떤 느낌이 들까.

말은 눈치도 빠르고 매일 변덕도 심하다. 올라탄 사람이 초보라고 느끼면 말도 잘 듣지 않는다. 가라 해도 가지 않고, 속도를 내다가도 맘대로 서버린다. 교감이 잘 되지 않고 화나게 하면 큰일이 벌어지기도 한다. 낙마를 한 적도 있다. 여러 말이 줄지어 가며 연습을 하다가 앞서가던 말이 놀라자 내 말도 놀라 펄쩍 뛰어 떨어진 것이다. 안장의 높이는 대략 성인의 키 정도 된다. 목말을 타고 달리다가 어깨 위에서 떨어지면 어떻겠는가. 승마를 잘하기 위해서는 말과 꾸준히 교감해야 한다. 달리기 싫어하는 말을, 혹은 너무 빨리 달리는 말을 내가 원하는 속도로 제어하기 위해서는 끊임없이 눈치게임을 해야 한다. 그렇게 말 위에서 앉았다 일어서길 반복하며 내 근육을 키우고 말을 컨트롤하는 법을 배워야 비로소 구보를 할 수 있게 된다.

처음 구보를 할 때 너무 무서웠다. 보기만 할 때는 시원하고 멋있어 보였다. 하지만, 직접 그 속도와 진동을 몸으로 받으니 생각 이상의 공포가 생겼다. 목말을 탔는데 전력질주를 한다고 생각해 보라. 불안하지 않겠는가. 심지어 내가 이 말을 완전히 제어할 수 있다는 자신감도 없다. 잠깐이라도 집중력을 놓친다면 사고가 날 수 있다.

스키를 배울 때도 두려움을 느꼈다. 맨 처음 리프트를 타고 오른 초급자 코스는 가파른 절벽 같았다. 속도를 제어하지 못해 넘어지고 구른다. 운동신경이 둔한 나는 슬로프 옆으로 처박히고 스키가 떨어져 달아나는 경험을 수없이 했다. 그렇게 업앤다운 리듬을 익히고 다리와 허리의 힘을 알게 되면서 조금씩 성장한다. 실력이 늘어도 위험은 항상 있다. 슬로프 상태나 다른 스키어들이 가지는 변수가 있기 때문이다. 승마는 단순한 위치에너지가 아닌 동물의 힘을 빌려 움직인다. 속도가 높아질수록 제어해야 할 변수가 스키보다 훨씬 많아진다.

미혹되지 않는 삶이라니

　인생은 내 마음대로 움직이지 않는다. 말을 제어하는 것보다 훨씬 다루기 힘든 것이 인생이다. 커가며 사회에서 요구하는 것들을 그럭저럭 맞추며 살았다. 별로 엇나가지 않고 열심히 살았다. 그렇다고 인생이 내 마음처럼 풀리는 것은 아니었다. 나이가 들면 현명하고 단단한 어른이 될 줄 알았다. 웬만한 문제엔 감정의 동요가 일지 않고, 나아갈 방향을 척척 짚어 낼 줄 알았다. 살아 보니 그렇지 않았다. 아직도 내 마음이 뜻대로 되지 않는다. 어딘가 꼬여 있는 '아저씨'의 모습이 툭툭 튀어나오는 걸 느낀다.

　나이 사십이 되면 마음이 흔들리지 않는 나이, 불혹(不惑)이 된다고 한다. 하지만, 그 나이가 한참을 지났는데 오히려 더 많이 흔들리는 것 같은 생각이 든다. 인생은 말처럼 달려가는데, 나는 가끔 어딘가에 미혹되어 그 말을 제어하지 못하고 있는 것 같다. 아차 잘못하면 그 말에서 떨어지지 않을까.

　우리는 쉽게 사십엔 불혹, 오십엔 지천명이라고 말하지만, 그렇게 되려면 많은 노력이 필요하다. 원전을 찾아보면 이 명칭에는 까다로운 조건이 붙는다. 이 말이 나오는 『논어』(論語) '위정(爲政)'편을 보자.

子曰 吾十有五而志于學 三十而立 四十而不惑 五十而知天命 六十而耳順 七十而從心所欲 不踰矩(자왈 오십유오이지우학 삼십이립 사십이불혹 오십이지천명 육십이이순 칠십이종심소욕 불유구).

자왈, 나는 열다섯에 배움에 뜻을 두었고, 삼십에 일어섰으며, 사십에 미혹되지 않았고, 오십에 천명을 알게 되었으며, 육십에 귀가 순해져, 칠십에는 마음이 가는 대로 해도 법도에 어긋나지 않았다.

보이는가? '나는' 그랬다는 것이다. 공자쯤 되는 사람이 나이 들고 뒤돌아보니 저렇게 살았다는 뜻이다. 공자처럼 끊임없이 고민하고 자신을 성찰한 사람이 사십이 되어서야 흔들리지 않는 마음을 얻은 것이다. 사십 년간 매일매일 기본기를 연마한 사람이 다다른 경지란 말이다. 공자의 발끝에도 미치기 어려운 필부인 나는 어떻겠는가. 멋지게 말을 타고 초원을 가르는 모습이 좋다고 기본도 없이 달리고 있는 것은 아닐까. 말을 다루는 것보다 훨씬 어려운 인생살이에서 나는 내가 제어할 수 있는 속도를 알고 있는 것일까. 꼿꼿이 멋있는 자세로 말을 타고 있는 것이 아니라 빠른 말 위에 위태롭게 얹혀 있는 것은 아닐까.

騎虎之勢(기호지세)를 지양하며

조금 어설퍼도 말을 타고 달릴 수 있게 되었다. 누가 봐도 멋있게 질주하는 만큼은 아니다. 그래도 말 위에서 시원한 바람을 즐길 수 있을 정도는 되었다. 욕심을 내서 당장 영화의 주인공처럼 달려 볼 생각은 없다. 내 둔한 운동신경이 허락하는 정도로 조금씩 배워도 충분히 즐겁다. 처음 승마를 배웠던 마음이 나를 이기고 단련하는 데 있었기 때문에 이것으로 만족하려 한다.

인생도 비슷하다. 남들이 달린다고 무작정 달리고 싶지 않다. 무리하게 달려 제어할 수 없는 호랑이 등에 탄 모양새가 되는 것을 바라지 않는다. 지금 속도로 가면 칠십이 되어도 법도에 어긋나지 않는 일상을 살기는 어려울 것이다. 그래도 어떠한가. 바른 자세로 인생을 이해하고 내 방향으로 가는 것이 더 품위 있지 않을까. 살다가 말에서 떨어질 수도 있다. 하지만 제어할 수 없는 속도에서 떨어져 다시 말에 오르지 못하면 안 될 일이다. 꼿꼿이 기본기를 지키고 가다 보면 적당한 속도를 찾게 되지 않을까. 그렇게 살다가 육십에 미혹되지 않는 마음을 얻고 칠십에 천명을 알게 되어도 충분하지 않을까.

+α
공자(孔子)
: 극기복례와 중용

✼

인생은 자기 마음대로 되지 않는다. 늘 문제와 부딪히고 그것을 해결하는 과정이 반복된다. 사실 가장 큰 문제이자 늘 제일 먼저 부딪히는 장애물은 바로 나 자신이다. 스스로 극복해야 할 것이 산처럼 쌓여 있기 마련이다. 내 안의 숙제도 해결하지 못하고 밖에 있는 어려움을 넘어갈 수는 없는 법이다. 여기서 나를 이기려면 기본기가 탄탄해야 하는데, 그게 만만치가 않다.

공자도 인(仁)을 알고 행하려면 자신을 이겨야 한다고 생각했다. 그는 『논어』 '안연(顔淵)' 편에서 자신을 극복하고 예로 돌아가는 '극기복례(克己復禮)'의 자세를 말한다. 그의 제자 안연이 인(仁)이 무엇인지 물었다. 공자는 '나를 이기고 예로 돌아가면 인이 된다(克己復禮爲仁, 극기복례위인)'고 답한다. 예는 인간이 살아가는 데 필요한 사회적인 시스템이자 소통방법이다. 종합하면, 나의 헛된 욕심을 이겨 내서 사람들과 이치에 맞게 잘 어울리라는 뜻이다. 그것이 바로 어진 마음이라는 결론이다.

여기서 '인을 행하는 것은 다른 사람이 아니라 자기 스스로에게서 시작되는 것(爲仁由己 而由人乎哉, 위인유기 이유인호재)'임을 명확히 한다. 내가 어진 마음이 없다고 남 탓하지 말라는 경고다. 내가 삐뚠 마음을 가지는 것은 내가 못난 탓이지 누가 그렇게 만드는 것이 아니다. 그러니까 덕을 갖춘 군자라면 자신을 돌아보고 극복해서 예를 행한다. 그렇게 되면 어진 마음을 가지게 되니 인생이 의미가 있어질 것이다. 그리고 세상이 질서 있게 바로 서게 된다.

예에 따르는 행동은 중용(中庸)의 도를 어긋나면 안 된다. 중용은 내가 하는 행동이나 말, 감정표현들이 부족하거나 지나치지 않도록 하는 것이다. 가운데(中)를 지향하란 뜻이 아니다. 적절한 것이 무엇인지 잘 판단하라는 의미다. 공자가 『논어』에서 지나친 것은 모자란 것과 마찬가지라고(過猶不及, 과유불급) 괜히 말한 것이 아니다. 사람을 대할 때 내 말이나 행동이 지나치거나 부족하면 오해가 생길 수 있다. 꼭 해야 할 말을 안 하고 넘어가게 되기도 한다. 그렇다고 너무 과하게 하면 상대에게 부담을 준다. 의견이 맞지 않으면 충돌이 일어날 수도 있다.

자신이 하고 싶지 않은 것을 남에게 하라고 하면 안 된다(己所不欲 勿施於人, 기소불욕 물시어인). 그렇다고 비위만 맞추는 것은 중용의 도가 아니다. 남의 기분을 살피다가 꼭 필요한 말을 해주지 못하면 안 된다. 상대방이 잘못된 길을 가고 있는데 바로잡아 주지 않는 것은 옳지 않다. 충고를 하되 자신의 생각이 잘 전달될 수 있도록 정중하게 하는 것이 중용을 따르는 자세다.

공자님 말씀에 맞게 기본을 갖춘 인생을 살긴 참 어렵다. 극기복례하고 중용에 맞춰 사는 인생이 훌륭하다는 것을 굳이 부정할 사람은 없을 것이다. 그러나 공자님 말씀이 너무 당연하고 쉬워 보이지만, 막상 행하려고 보면 참 어렵다. 인생의 근본적인 태도에 대한 얘기들이기 때문이다. 그래도 공자님 말씀에 동의한다면, 도전해 볼만하다. 세상에 거스르지 않은 원칙을 마음에 품고 상황에 맞게 행동할 수 있는 사람이 있다. 그만큼 멋있는 사람이 없지 않겠나.

죄책감 없는
소비의 무거움

책으로 배우는 수영

"넌 수영을 책으로 배우냐?" 누나가 한 말이다. 제대 후 복학할 때까지 시간이 남아 집 근처 수영장을 다녔다. 나는 물을 무서워한다. 물 근처에 잘 가지 않는다. 물 위에 놓인 다리를 건너는 것도 싫어라 한다. 당연히 물에서 노는 것을 배우지 못했다. 이러다 물에 빠지면 아무것도 못 하고 죽겠다 싶은 생각이 들었다. 공포감도 극복할 겸 생존을 위해 수영을 배우기로 한 것이다. 처음 수영장에 가서 물장구치는 법을 배운 후 킥판을 잡고 앞으로 가는 연습을 했다. 거기까지는 웬만큼 괜찮았다. 며칠이 지나 본격적으로 자유형 강습이 시작되었다. 물이 무서웠던 나는 긴장이 잘 풀어지지 않았다. 자꾸 몸이 물에 가라앉았다. 일단 뜨질 않으니 자세도 호흡도 잡히지 않았다. 배우는 속도가 나지 않았다. 답답했다. 그래서? 책을 샀다. 수영의 기초가 설명된 책. 그 책을 들고 집에 돌아오자 누나가 어이없어 했다. 운동을 책으로 배우는 사람이 여기 있다고.

아둔하게 태어나서인지 전체적인 맥락을 모르면 잘 기억을 못한다. 남들은 쉽게 외우는 단순한 것들도 난 이해하지 못하면 금방 잊어버린다. 그것이 무슨 뜻이고, 어떤 맥락에 들어 있는지 체계를 알고 나서야 외워진다. 예를 들어, 치아바타 빵을 떠올려 보

자. 다른 사람들은 쉽게 빵 모양과 이름을 기억한다. 난 그게 잘 안 된다. 밀가루, 효모, 물, 소금만 사용한 식사용 빵이란 것을 파악한다. 기다랗고 넓적해서 이탈리아어로 슬리퍼를 뜻한다는 것을 찾아보고 모양과 이름을 기억한다. 딱딱한 프랑스 바게트와 달리 더 긴 숙성시간을 통해 쫄깃한 식감을 가지게 되는데, 이것이 이탈리아의 특성인가 생각한다. 올리브나 올리브유, 발사믹 식초와 잘 어울리는 것도 이탈리아의 환경, 식습관과 관계가 있으리라 추측한다. 이 정도 정보의 체계가 갖춰져야 비로소 치아바타가 내 머리에 입력된다. 보기만 하면 다 기억한다는 사진 기억력과는 한참 거리가 먼 뇌구조다.

이렇다 보니 뭔가 이해가 되지 않으면 책을 보고 나를 납득시키는 과정을 거친다. 수영도 그랬다. 뭐가 잘 안 되는데, 내가 이해를 못 한 것이 있는 건지 확인하고 싶었던 것이다. 물론, 몸으로 안 되는 문제는 책을 읽는다고 해결되지는 않았다.

사전에 나오지 않는 정보들

궁금한 것이 많은 편이다. 기억하는 방법이 저렇다 보니 사소하더라도 새로운 것이 있으면 그게 무엇인지 찾아보게 된다. 지금이야 세상이 좋아져서 모르는 것은 바로바로 알아볼 수 있다. 나보다 똑똑한 네이버, 집단지성이 뭉쳐 있는 위키, 전 세계의 정보를 긁어모아 주는 구글까지 물어보면 척척 답을 준다. 예전엔 궁금한 것이 생기면 답답한 마음을 꽤 오래 가지고 있어야 했다. 그걸 알만한 사람을 만나 묻거나 책을 찾아보고서야 해결이 가능했다.

　어릴 때 이희승 교수가 만든 『국어대사전』을 끼고 살았다. 아주 작은 글씨로 촘촘히 인쇄된 반투명 사전 용지가 수천 페이지 모인, 아주 큰 책이었다. 책이 흔하지 않던 시절, 이 『국어대사전』은 나에게 구글보다 더 큰 지식의 보고였다. 궁금한 개념이 생기면 일단 이 사전을 펴본다. 단어의 설명을 꼼꼼히 읽어 본다. 하지만 그 설명에서도 모르는 말들이 나오기 마련이다. 그러면 설명 속 그 단어를 다시 찾아본다. 뭔가 이해가 될 때까지 페이지를 넘겨보는 무한 루프에 몰입했었다. 우연히 신기한 단어가 보이면 사전을 덮지 못하고 거기서 다시 시작한다. 단어의 뜻에서 다시 단어를 찾으며 한참을 책 속에서 돌아다니는 일을 반복했다. 어린 마음에도 그런 지적인 유희가 재미있었던 것 같다. 하지만 새로 생긴 개념들, 속어나 유행어 같은 것들은 사전으로 알 수 없었다. 사전에도 없고 어른들에게도 묻기 어려운 궁금증들은 늘 해소되지 않고 남아 있었다.

대학에 들어가니 궁금증을 맘대로 파볼 수 있는 환경이 조성되었다. 공부하고 싶으면 전공이 아니어도 배울 수 있었다. 마취하는 방법이 너무 궁금했던 선배 하나는 의과대학에서 강의하는 '마취학 개론'을 수강하기도 했다. 세상의 신기한 것들을 알고 싶다고 '신비주의' 수업을 듣는 친구도 있었다. 의대로 갔던 선배는 가르치는 전문용어를 하나도 못 알아듣겠다며 서너 번 들어가더니 수강을 취소했다. 친구는 어려운 철학 이야기로 가득했던 신비주의 수업에서 길을 잃고 낙제에 가까운 점수를 받아야 했다. 노느라 바빴던 대학생활이었다. 학점은 뒷전이고 저마다 관심 가는 것들에 몰입하며 살았던 호시절이었다.

나와 친구들은 영상 공부에 빠져들었다. 한국어로 된 영상 관련 서적이 몇 권 되지 않았다. 그중 괜찮다는 책들을 정해 같이 읽었다. 책 내용과 관련된 거장의 영화를 찾아보기도 했다. 몇 번의 복사 과정을 거쳐 화질이 떨어진 VHS 비디오를 졸며 보는 시간들이었다. 사실 스터디는 핑계였고 이어지는 술자리가 메인 이벤트로 벌어지곤 했다. 술 마시느라 책을 읽는 진도는 더디기만 했다. 당시 샀던 책들은 보물처럼 내 책장에 고이 모셔져 있다. 지금 다시 펴보면 조악한 편집과 인쇄, 세련되지 못한 번역이 한눈에 띈다. 그래도, 그때 내게 길잡이가 되어 주고 세계를 넓혀 준 고마운 책들이다.

꼬리에 꼬리를 무는 책 속 이야기

서울 시내 산책을 좋아한다. 특히 한양 도성 사대문 안팎을 자주 걷는다. 서울은 참 재미있는 도시다. 수백 년 전 유서 깊은 역사와 세계에서 가장 핫한 유행을 동시에 만날 수 있다. 유명한 부암동 치킨집을 뒤로하고 백석동천으로 들어가면 옛 한량들이 풍류를 즐기던 별서 터를 만나게 된다. 세검정에서 홍제천을 따라 내려오면 홍지문을 지나 호분으로 하얗게 칠해진 고려시대 마애불을 만나게 된다. 온 세상 관광객들이 모인 광화문에서 출발해 경복궁을 지나 청와대 뒷산에 올라가면 초현대 메가시티 서울의 모습이 한눈에 보인다. 걷는 것만으로 타임머신을 타고 수백 년 세월을 경험하는 신기한 여행을 한다. 고려시대에서 조선시대로, 격랑의 20세기를 지나 현대의 서울까지 오고 간다. 이 모든 지점이 내겐 탐구 대상이 되었다.

처음에는 인터넷 검색으로 간단한 정보를 찾는다. 하지만, 어느 순간 웹 검색만으로는 해결이 안 되는 궁금증을 만나게 된다. 더 깊이 있는 내용과 전체를 조망할 수 있는 정리된 지식이 필요해진다. 책을 찾기 시작한다. 한양 성곽에 관한 책, 서울 시내 문화재에 관련된 책, 구한말 경성의 문화에 관한 책 등 관련된 서적을 야금야금 사 모은다. 한양의 풍경을 알 수 있는 실경산수에 관한 책, 고지도를 통해 현대 서울 구조를 서술한 책도 빼놓지 않는다. 책을 읽다가 관련된 내용이 나오면 이미 사놓았던 궁궐 관련 책, 한국의 전통 도상에 관한 책, 불교 건축의 특징에 관한 책도 꺼내게 된다.

늘 이런 식이다. 관심을 가지는 분야가 생기면 꼬리에 꼬리를 물고 새로운 이야기를 찾아다닌다. 일상에서 만난 작은 계기에서 시작되는 일이다. 인터넷의 조각 정보를 찾는다. 호기심이 발동되면 더 다양한 검색어로 궁금증을 해소한다. 그렇게 일단락되었던 것이 다른 궁금증과 만나는 순간이 온다. 각기 다른 영역인 줄 알았던 정보들이 연결되어 있다는 것을 발견한다. 이런 일들이 반복되면 체계적으로 서술된 책을 찾게 된다. 책 한 권을 읽어서 부족하거나, 반대로 너무 재미가 있는 주제라는 생각이 들면 관련된 서적들을 여러 권 산다. 이 책 모두를 완전히 이해하고 기억하진 못한다. 논문 쓰듯 파고드는 독서가 아니다. 백 가지를 읽어 핵심이 되는 몇 가지 정도만 머리에 남는다. 그래도 괜찮다. 읽는 동안 깨달음으로 무릎을 치게 되는 순간을 즐길 수 있으면 충분하다.

죄책감이 없는 소비

이렇다 보니 책을 많이 사게 된다. 처음엔 한 권씩 샀다. 이어서 다시 사고 또 사는 것을 반복했다. 번거롭기만 했다. 이젠 어떤 주제가 되었든 특정 작가가 되었든 관심이 쏠리면 몇 권씩 한꺼번에 산다. 어떤 책이 더 좋을지 모르니 먼저 비교를 하며 읽는다. 거기서 내가 찾는 방향을 파악한다. 그리고 그 방향에 맞는 책을 다시 더 산다. 이렇게 한두 번만 거치면 금방 열댓 권의 책이 쌓인다. 책이 많아지면 뿌듯해진다. 책을 읽는 것은 좋은 일이라고 교육을 받아서일지 모르겠다. 필요한 책을 맘껏 사보지 못했던 과거의 결핍 때문일 수도 있다. 그게 무엇이든, 책을 사서 쟁이면 뿌듯한 마음이 든다.

다른 것들은 많이 사면 과소비라는 죄책감이 들게 마련이다. 식탐이 있을 때는 맛있어 보이는 것들을 쓸어 담게 된다. 살 때 잠깐 만족하지만, 유통기한이 지나서 버려야 하는 것이 쌓이면 후회하게 된다. 예쁜 옷에 꽂혔을 때는 같은 디자인을 색깔별로 구매하기도 한다. 처음 입을 때는 행복하다. 그렇게 한두 해 지나 옷장이 터져 나가려는 순간, 한 번 입고 잘 모셔져 있는 옷을 발견하게 된다. 내가 미쳤지 가슴을 쳐도 버리기는 아깝고 공간은 부족해 답답해진다. 소소한 생필품이 모여 있는 다이소에 가면 금방이라도 필요할 것 같은 물건이 보여 사게 된다. 마트 매대에 따로 빼놓은 원 플러스 원 상품은 지금 사지 않으면 손해를 보는 것 같다. TV 채널을 돌리다 특가로 판매하는 물건에 넋이 빠져 구매를 한다. 그렇게 산 것들은 대개 구석에 박혀 먼지가 쌓여 있기 마련이다. 누구나 이런 경험 하나씩은 가지고 있을 것이다. 마케팅의 시대, 필요하지 않은 물건들이 필요한 것으로 포장되어 팔린다. 쓰지 않아도 될 돈을 쓰고 난 후 느끼는 죄책감이 소소히 쌓인다. 하지만, 책에는 그런 마음이 잘 생기지 않는다. 지적 허영심이 뼛속 깊숙이 박혀 있나 보다.

책은 무겁다

결국 넘쳤다. 아무리 죄책감 없이 구매한다 해도 쌓아 놓을 수 있는 공간에는 한계가 있다. 키 높이 정도의 4단짜리 합판 책장에서 시작했다. 책장이 하나 더 생기고 또다시 생겼다. 아슬아슬 넘치려 할 때 이사를 갔다. 눈물을 머금고 수백 권을 정리했다. 집을 사서 방 하나를 서재로 정했다. 그리고 방 벽면 전체에 붙박이 서가를 짜 넣었다. 저 정도면 충분하겠지. 뿌듯한 마음이 일었다.

하지만 얼마 버티지 못했다. 세로로 꽂힌 책 위에 가로로 또 책이 얹히기 시작한다. 포장을 막 뜯은 책들은 책상 위에 쌓인다. 어쩔 수 없다. 눈물을 머금고 책장을 정리한다. 신중에 신중을 기해 책을 고른다. 그렇게 수십 권을 빼낸다. 중고서점에 들고 가기 위해 포장한다. 들어 보면 돌덩이처럼 무겁다. 늘 그렇다. 한 권씩 살 땐 모르지만, 책은 참 무겁다. 삼사십 권 묶으면 허리가 끊어지고 팔이 빠질 만큼이 된다. 책마다 내게 준 영감이 있는데 아쉬운 마음이 더 무겁다. 책의 물리적인 무게에 정서적인 무거움이 더해져 드는 몸이 더 피곤해진다.

남들은 전자책을 보라거나 도서관에서 빌려서 읽으라고 한다. 하지만 난 그런 것이 잘 안 된다. 전자책이나 모니터로 보는 글에는 집중력의 한계가 생긴다. 손으로 차분히 넘기며 보는 습관에서 빠져나오지 못한 탓이다. 학교에 다닐 때는 도서관에서 책을 빌려 읽긴 했다. 하지만 내가 원할 때 언제든 다시 꺼내 볼 수 없는 아쉬움이 있었다. 책을 아끼는 편이라서 밑줄을 긋는 일은 거의 없다. 그래도 내 책이어야 간지를 껴놓거나 포스트잇을 붙여 중요한 부분을 표시해 놓을 수 있다.

물론 십 년이 넘도록 다시 펴지 않는 책도 많다. 중요한 부분만 발췌해서 보고 전체를 읽지 않은 책도 있다. 그렇다고 그 책이 가치 없다는 생각이 들지 않는다. 책장이 넘쳐 정리할 때가 되면 아주 오랫동안 책장을 관찰하게 된다. 이 책은 저런 의미이고, 저

책은 이래서 산 것인데… 고민을 거듭해서 빼낸다. 다시 말하지만, 책 무게에 내 마음이 더해져 아주 무겁게 정리한다.

고칠 수 없는 고질병

이 버릇은 못 고칠 것 같다. 아마도 책은 지금처럼 계속 살 것이다. 스펀지처럼 지식을 쉽게 빨아들이던 젊은 시절, 책은 내게 새로운 세상을 열어 줬다. 공부는 입시에 쓰는 것인 줄만 알 때는 책도 싫었다. 대학에 들어가 고교 때까지 했던 공부는 놓아 버리고, 놀 듯 읽은 책들은 조금씩 깨달음을 줬다. 책에 담긴 글 전체가 의미 있긴 어렵다. 한 문장, 한 단어라도 좋다. 내가 몰랐던 정보, 세상을 만나는 감성, 지식을 쌓는 방법에 영감을 줄 수 있으면 그만이다. 그걸로 그 한 권은 가치가 있다. 그 짧은 단어들이 모여 지금의 내 모습을 만들어 줬을 것이다. 아둔한 내가 세상을 제대로 볼 수 있도록 지켜 주는 것이 책이다. 인간이 두 발로 닿을 수 있는 좁은 공간을 넘어 무한히 깊은 인간의 마음부터 넓게 펼쳐진 우주 저 멀리까지 생각할 수 있도록 해주는 것 역시 책이다. 앞으로도 미련하게 책을 모으고 빽빽하게 쌓아 놓을 것이다. 책만큼 좋은 것이 없으니, 무겁게 지고 갈 생각이다.

+α
소크라테스(Socrates)
: 아포리아(Aporia)

✱

　상식 문제 하나. 철학의 아버지는? 글 제목에 있듯, 소크라테스다. 여기까지는 많은 사람들이 아는 사실이다. 그렇다면 다음 단계. 소크라테스의 저서는? 혹시 아시는 분? 정답은 '없다'이다. 그렇다. 소크라테스는 본인이 작성한 책 한 권 없이 철학의 아버지로 추앙되고 있다. 수제자 플라톤의 저서나 다른 철학자, 역사가들이 적어 놓은 글에서 소크라테스의 사상과 행적을 엿볼 수 있을 뿐이다. 그럼에도 불구하고 소크라테스를 얘기하지 않고서는 서양철학의 시작점을 설명할 수 없다. 왜일까?
　많이 알려져 있듯, 당시엔 소피스트들이 왕성하게 활동하고 있었다. Sophia, 즉 지혜란 말에서 나온 '지혜로운 사람(sophist)'이라는 뜻이다. 그러나 그들이 하는 행동은 그리 지혜롭지 못했다. 고대 그리스는 지식인들의 토론 문화가 발달해 있었다. 민주주의 체제 아래서 대중에게 자신의 주장을 펼치고 인정받는 것은 정치적 성공을 의미했다. 소피스트들은 현란한 언변으로 토론 상대를 이기는 것에 집중했다. 그 승리를 통해 정치적 영향력을 얻는 것이 주목적이었다. 이런 경향이 극단으로 가다 보니 주장이 옳지 않고 사회에 악영향을 줄 수 있어도 실리를 위해 '이기면 그만'이라는 분위기가 만들어졌다. 현대 영어에서 sophist의 뜻에 '궤변가'가 추가된 것은 우연이 아니다. 애석하게도, 왠지 요즘 세상과 매우 닮아 있다.

여기에 소크라테스가 등장한다. 그는 인간 내면의 중심 가치에 집중한다. 소피스트와 달리 토론을 통해 이성적이고 비판적인 사고를 가지게 했다. 이러한 사고방식의 근본은 반성하는 태도를 가지는 것이다. 토론이 시작되면 거듭된 질문을 통해 자신의 허점을 깨닫게 한다. 이 과정을 산파술이라고 불렀다. 다른 사람을 도와 새로운 지혜를 낳게 한다는 의미다. 허술한 주장을 하던 사람들은 결국 스스로를 부정하는 말을 할 수밖에 없다. 아포리아(Aporia), 즉 막다른 골목에 다다르면 자신의 오류를 깨닫고 부끄러움을 느끼게 된다. 소크라테스는 겉만 번지르르한 논리로 상대방을 꼼짝 못 하게 만들던 궤변가들에게 한 방 먹인다. 이 방법은 자신을 객관화하는 데에 꼭 필요한 과정으로서 철학적 사고의 근간을 이룬다.

소크라테스는 다른 철학자들처럼 이론을 만든 것이 아니다. 철학 하는 방법 자체를 가르친 스승이다. 스스로에게 끊임없이 질문을 던져 오류를 찾아내고, 윤리적 문제는 없는지 반성하는 자세를 깨닫게 했다. 소탈한 성격이었던 소크라테스는 말하는 태도에도 해학이 있었다고 한다. 깨달음을 주며 인간적인 매력까지 느끼게 했으니 사회의 유력 인사들이 그의 사상을 따랐고, 올바른 철학의 풍토가 만들어졌다.

  요즘 소크라테스의 산파술, 그리고 아포리아에 다다르는 과정이 절실해 보인다. 수많은 매체를 통해 반성하지 않은 주장들이 쏟아져 나온다. 달리 말하면, 철학적 사고의 근간이 무너진 것처럼 보인다. 스스로의 태도를 규정짓는 윤리의식, 논리의 틀을 형성하는 지식체계가 얕은 말들이 넘쳐난다. 인터넷의 조각 지식이 아니라 체계가 잡힌 책 속의 지식이 너무도 필요해 보인다.

전문가는
전문가다

미식가들의 나라

한국 사람들은 먹는 것에 참 관심이 많다. 한 끼를 먹어도 제대로 해야 한다. 나도 그렇다. 한창 바쁘게 일하던 때에는 먹는 것 외에 내 여유를 빛내 줄 일을 찾기 힘들었다. 분 단위로 촘촘히 짜인 방송 스케줄들을 소화해야 했다. 정신없는 중에 잠시나마 마음을 풀고 즐거울 수 있는 시간은 먹을 때뿐이었다. 여기저기 다니며 맛있는 음식을 찾아내는 것이 일이었다.

방송국 주변은 물론이고 멀리 촬영을 나가도 마찬가지다. 같이 나간 스태프 중에 맛있는 식당을 꿰고 있는 사람이 하나 있으면 그렇게 맘이 든든할 수 없었다. 스마트폰이 없던 시절, 지도책을 펴서 다니던 때였다. 당연히도 지도에 맛집은 표시되어 있지 않았다. 어디서 뭘 먹을지 모를 때 이런 구세주가 없다. 긴장과 피로를 잠시 내려놓고 음식에 집중한다. 식재료, 양념 특성, 식당 분위기 등등을 꼼꼼히 따져 보며 내 마음속 맛집 리스트에 올릴지 여부를 판단한다.

이렇다 보니 방송국 다니는 놈들은 입맛 까다롭단 얘길 듣는다. 더욱이 맛집을 소개해야 하는 것이 일인 TV 아닌가. 전국 단위로 식당 리스트를 마음에 품고 있는 사람이 꽤 많았다. 저기는 KBS 사람들이 많이 가는 곳, 저기는 MBC, 저기는 SBS… 이런 식의 '나와바리'가 있기도 했다. 찾아가기도 힘든 골목 안, 간판 없이도 사람이 미어터지는 식당 등 어디서 알아냈는지 모를 곳을 찾아다녔다.

요즘은 괜찮다는 식당이 셀 수 없을 정도로 많아졌다. 소득수준이 높아지고, 경험이 다양해진 후 식당의 수는 물론 음식의 종류가 폭발적으로 늘어났다. 스타 셰프가 나오는 프로그램도 유행했다. '맛있는 식당'에 '제대로 만드는 요리사'라는 개념이 추가되었다. '맛있는 음식'이라는 조금은 추상적인 개념에서 '유명인이 만들어 주는 특별한 음식'이라는 더 구체적인 개념으로 발전한 것이다.

변한 인식은 주위를 보면 쉽게 발견할 수 있다. 이름난 일식집 오마카세를 십수만 원 훌쩍 넘는 가격으로 먹는다. 짜장면에 투플러스 등급 한우 스테이크를 올리고 생트러플을 저며 얹는다. 발사믹 식초의 원산지와 빈티지를 따져 고른다. 강한 미식 욕구가 먹는 전문성과 묘하게 얽히고 있다. 괜찮다는 식당엔 한두 시간씩 줄을 서는 것도 마다하지 않는다. 꽤 비싼 가격이어도 꼭 먹어야 한다면 용서가 된다. 옛날엔 듣도 보도 못 한 식재료들을 만난다. 분야마다 까다로운 미식가들이 넘쳐난다. 눈에 띄는 특징 없이는 맛집이라고 명함을 내밀기 어려운 세상이 되었다.

집밥과 코로나

집에서 음식을 다양하게 해 먹는 편이다. 닭볶음탕, 소꼬리찜, 잡채, 육회, 각종 전 같은 단품 한식이나 불고기, 김치찜, 된장국 등 일상 식사용 음식은 자주 상에 오른다. 각종 채소와 파인애플을 채 썰고 고기는 따로 볶아 피시 소스와 함께 내는 월남쌈은 날 더울 때 먹기 좋다. 종이호일 위에 호박, 감자, 양파, 당근 같은 야채를 깔고 마늘버터를 잔뜩 바른 닭 한 마리를 올려 오븐에 구워 내면 와인과 먹기엔 안성맞춤이 된다. 숯을 피워 180도로 예열된 바비큐 그릴에 스크럽을 꼼꼼히 바른 삼겹살을 넣고 한 시간 구우면 훈연향 가득하고 살살 녹는 고기가 된다. 쯔유 육수에 덩어리 무를 푹 익힌 후 각종 어묵을 넣어 끓이면 따뜻한 청주를 마시기에 제격이 된다. 돼지고기 전지를 하루 정도 수비드 한 후 오븐에 구워 내면 기름기가 쏙 빠진 풀드포크 완성이다.

제철음식도 빠지지 않고 챙겨 먹는다. 봄이 막 시작되는 때엔 새조개와 주꾸미를 사서 샤브샤브를 한다. 야들야들한 해산물을 먹다 진하게 우러난 국물에 국수를 삶으면 배가 터질 것 같지만 멈출 수는 없다. 겨울에는 동네 방어 맛집에 예약을 걸어 기름이 오를 대로 오른 촉촉한 방어회를 받아 와 먹는다. 물에 씻은 묵은지나 김과 함께 싸 먹으면 제철음식의 가치를 완벽하게 이해하게 된다.

코로나19로 바깥출입이 어려워진 후 집에서 해 먹는 빈도가 한층 높아졌다. 아무리 집밥이라도 비슷한 음식을 자주 먹으면 물리는 법이다. 새로운 음식들에 도전하게 됐다. 워낙 다양한 메뉴를 먹는 집이었는데, 그 가짓수가 더 늘어났다. 몇몇 메뉴들은 좀 더 전문적인 도전을 해보기도 했다. 알리오올리오 베이스의 고등어 파스타, 봉골레는 누구에게나 자랑하는 우리 집 대표 메뉴다. 편마늘을 올리브 오일에 볶는다. 바다향이 잘 나도록 앤초비도 아낌없이 넣는다. 칼칼하게 맛을 잡아 줄 페퍼론치노도 적당히 넣고 볶다가 살짝 구워 둔 고등어나 알이 큰 조개를 넣는다. 화이트와인을 넣어 잡내를 잡고 단맛을 올려 준다. 여기에 삶은 파스타와 면수를 넣어 소스가 잘 배도록 볶는다. 취향에 따라 통후추를 좀 갈아 내거나 파슬리를 얹어 마무리한다. 내 생각엔 라면을 끓이는 것보다 살짝 더 신경 쓰면 될 정도의 쉬운 음식이다. 하지만, 좋은 재료를 아낌없이 써서인지 밖에서 파는 웬만한 식당보다 맛있다.

이 간단한 레시피에서 조금이라도 더 맛있게 만들 방법을 찾아내고 싶었다. 다양한 앤초비를 사서 실험해 봤다. 올리브유를 엑스트라버진으로만 해보기도 하고 다른 기름과 섞어서 볶아 보기도 했다. 가장 중요한 것은 면을 고르는 것이었다. 집 근처 레스토랑에서 면의 표면이 살짝 거친 파스타를 먹어 본 적이 있다. 소스가 면과 너무 잘 어울려 깜짝 놀랐었다. 수제면이냐 물었더니, 좋은 제품으로 사오는 것이라는 답이 돌아왔다. 비밀 레시피인지, 정확한 답은 피했다. 그 기억을 더듬어 비슷한 면을 찾으려고 한동안 몰두했었다. 처음엔 굵기에 비법이 있나 싶었다. 얇은 카펠리니에서 좀 두꺼운 페투치네로 또 그 사이에 있는 스파게티니까지 사용해 봤다. 성에 차지 않아 원재료를 파보았다. 듀럼밀로 만든 세몰리나 원료의 파스타를 몇 가지 요리해 봤다. 확실히 차이가 있었다. 글루텐 함량이 높아 쫄깃한 식감이 좋았다. 하지만, 그 식당의 맛은 아무리 해봐도 나지 않았다.

제면 도전기

결국 면을 만들어 보기로 했다. 건면에서 부딪힌 벽을 생면으로 넘어 보고 싶었다. 생면 파스타를 먹어 보면 면이 탱탱하고 고소하다. 파스타 생면은 달걀노른자를 사용해 반죽한다. 달걀 단백질로 만들기 때문에 흐물거리지 않고 맛도 담백하다. 마음을 먹고 필요한 재료와 도구를 찾아보았다. 밀가루는 강력분을 써야 했다. 일정한 면을 뽑기 위해서 제면기도 샀다.

결전의 날, 반죽을 시작했다. 밀가루를 작은 산처럼 쌓고 가운데를 푹 꺼트려 분화구 모양이 되게 만든다. 거기에 계란 노른자, 올리브유, 소금을 넣는다. 포크로 조심스럽게 저어 재료를 섞는다. 점점 밀가루가 뭉치면서 묵직한 질감이 만들어진다. 손으로 치대서 반죽을 완성한다. 숙성도 아주 중요하다. 재료들이 하나로 합쳐지도록 기다린다.

이제 제면기를 꺼낸다. 제면기의 한쪽엔 원하는 두께의 반죽이 될 수 있도록 조절할 수 있는 롤러가 있다. 다른 한쪽엔 두 가지 굵기의 면을 뽑아내는 톱니 모양의 롤러가 있다. 먼저 반죽을 만드는 롤러에 조심스럽게 밀어 넣고 핸들을 돌린다. 처음 다뤄 보는 기계 앞에서 어설픈 손길이 반복된다. 반죽을 접으며 돌리기를 몇 번 하니 노랗게 예쁜 색이 매끈하게 보인다. 이제 면으로 만들 때가 된 것이다. 긴장된 마음으로 면을 뽑았다. 모양은 합격점이었다. 끓는 물에 삶아 파스타를 완성했다. 두근두근… 맛을 본다. 아, 내가 생각했던 맛은 아니다. 고급스러운 느낌은 있지만, 쫄깃하지 않다. 마음이 무거워졌다.

제면기를 샀으니 놀릴 수는 없었다. 우동면도 만들어 보기로 했다. 이름난 우동집에 가보면 쫄깃한 면이 얼마나 중요한지 느낀다. 어릴 때는 우동이라고 하면 중국집에서 먹는 것인 줄만 알았다. 지금 우리가 우동이라 부르는 것은 오히려 가락국수라는 이름으로 불렸다. 어느 때인가부터 정통 일식 우동이라는 이름을 걸고 가쓰오부시 국물의 면이 팔리기 시작했다. 그때는 말린 가다랑어의 훈연향과 달큰한 간장 국물이 색다른 미식 취향으로 소개됐었다. 일본식 우동집이 점점 많아지면서 맛의 승부처가 국물에서 면으로 옮겨 가기 시작했다. 뚜걱뚜걱한 면은 식감도 좋지 않고 국물과 잘 어우러지지 않는다. 잘 만든 우동면은 쫄깃한 식감은 물론 매끈한 면에 육수가 잘 배어 먹는 즐거움이 있다.

집에서 육수로 쓰는 쯔유를 만들어 본 적이 있었다. 멸치, 디포리, 다시마 등을 물, 간장과 함께 넣고 끓인다. 각종 채소를 그을려 불맛을 입힌 후 끓는 육수에 추가한다. 맛술, 설탕을 넣어 단맛을 낸다. 맛이 날 정도로 끓으면 불을 끄고 가쓰오부시를 한 줌 넣어 완성한다. 집에서 만든 쯔유는 사서 먹는 것과 달리 잡스러운 맛이 나지 않는다. 우동은 물론 일본식 덮밥이나 오뎅을 끓일 때도 쓸 수 있다.

쯔유를 만들 수 있으니 면까지 제대로 만들 수 있으면 완벽하리란 생각이 들었다. 밀가루에 소금을 섞고 물을 조금씩 추가해서 반죽한다. 너무 된 것이 아닌가 싶을 정도에서 시작해서 윤기가 돌 때까지 손으로 반죽한다. 어느 정도 됐다 싶으면 비닐에 넣어 발로 밟는다. 접고 밟기를 반복한 후 숙성시킨다. 그리고 제면기를 꺼낸다. 긴장된 마음으로 핸들을 돌린다. 끓는 물에 조심스레 뽑은 면을 넣는다. 준비된 국물과 담아 완성한다. 결과는? 아, 이놈도 내가 생각한 맛이 아니다. 생면파스타도, 족타 우동도 식당에서 먹던 맛이 나지 않았다.

남이 하면 쉬워 보인다

집에 손님을 초대해서 식사를 대접하는 일이 많다. 오는 사람들의 취향, 그날 마시는 술, 계절과 날씨 등을 고려해서 메뉴를 정한다. 대접받는 입장에서 공치사가 크겠지만, 모두들 만족해한다. 몇몇 요리는 밖에서 먹는 것보다 훨씬 맛있다고 장사를 해보라 한다. 그럴 마음은 없지만, 식당을 하면 어떻게 될까 상상을 해본 적은 있다. 매일 일정한 맛이 나도록 만들 수 없을 것 같았다. 더 나아가 프로가 가져야 하는 한 방이 없다. 엇비슷하게 따라갈 수는 있어도 결정적으로 차이를 보이는 디테일이 있기 마련이다. 생면파스타도 직접 만든 우동도 보기엔 별 차이가 없다. 하지만 먹어 보면 바로 안다. 유명한 집은 뭔가 비법이 있구나, 하고.

막상 해보면 뭐든 쉬운 건 하나도 없다. 입사하기 전엔 방송 프로그램을 만들 때 신경 쓸 것이 그리 많은지 상상도 못 했다. PD가 되고 보니 좋은 아이디어, 촬영에 대한 노하우, 현장 장악 능력, 편집하는 감각, 자막이나 음악에 대한 센스 등 디테일한 능력이 필요했다. 이 모든 것을 차근히 배워야 했다. 어느 한 단계라도 허술하면 시청자들이 바로 알아챈다. 문화사업 분야에서 일하며 공연을 제작할 때도 그랬다. 제대로 된 대본과 음악을 만드는 것은 가장 중요한 한 가지 단계가 끝나는 일일 뿐이었다. 적절한 배우를 캐스팅해야 한다. 원하는 시기에 좋은 위치의 극장을 잡아야 한다. 무엇보다 적절한 수준의 제작비를 맞춰야 한다. 공연 개막 후에는 티켓을 팔기 위해 촉각을 곤두세우며 마케팅 계획을 수정하고 실행하는 일을 해야 했다.

밖에서 쳐다보는 사람들은 '뭐 이래이래 하면 되는 거 아냐?' 하고 쉽게 생각한다. 그러나 직접 마주하는 현실은 다르다. 겪어보지 못하면 알 수 없는 수많은 어려움들이 곳곳에 도사리고 있다. 사실 밥벌이를 하는 모든 일이 그렇다. 남에게 돈을 받는 일은 쉬운 것이 하나도 없다. 아무나 할 수 있는 일에 누가 대가를 주겠는가? 늘 기대치에 부응하도록 일정한 결과물을 내는 것은 보통 노하우 없이는 불가능한 일이다. 어떤 작가가 이렇게 적었다. "남이 하는 일들이 쉬워 보인다면, 그 사람이 잘하고 있기 때문이다." 조금만 어긋나도 지적질을 해대는 세상이다. 남이 알 수 없는 큰 내공이 쌓이지 않고서는 무리 없이 일을 해내지 못한다. 그렇게 일상을 사는 모든 사람들은 함부로 얘기할 수 없는 가치를 자기도 모르는 새에 몸에 지니게 된다.

괜히 전문가가 아니다

평범한 수준을 넘어서 눈에 띄는 사람들이 있다. 하는 일에 탄성이 나올 정도로 두각을 나타내는 전문가들이다. 맛있는 우동 한 그릇으로 기분을 나아지게 하는 능력은 아무나 가질 수 없다. 오랜 시간 노하우를 쌓은 사람만이 누구나 만족하는 쫄깃한 파스타를 반죽해 낼 수 있다. 하지만, 눈에 띄는 전문가 말고도 우리가 일상을 무리 없이 살 수 있게 해주는 전문가들도 많다. 지하철 운전사, 환경미화원, 택배 배달원 같은 분들은 잘 드러나지 않지만 늘 거기 있기 때문에 우리가 평범한 하루를 보낼 수 있게 해준다. 그들의 노하우가 없으면 당장 우리의 안전과 일상이 무너진다. 쉬운 일로 비칠 수 있지만, 그들이 잘하지 못하는 순간 나의 하루가 망가진다. 그들이 전문가이기 때문에 내가 편안히 나의 일에 집중할 수 있다.

어쩌면 우리에겐 이렇게 보이지 않는 전문가들이 더 중요하지 않을까 생각한다. 엄청나게 귀하고 멋진 요리를 만드는 셰프만이 전문가는 아니다. 주머니 걱정 없이 마음 놓고 한 끼를 먹을 수 있는 식당은 흔하지 않다. 특별할 것 없어 보여도 우리가 모르는 노하우로 음식을 내고 있을 것이다. 그들이 아무 이유 없이 한자리에서 꾸준히 장사를 할 수 있는 것이 아니다. 전문가는 괜히 전문가가 아니다.

+α
장자(莊子)
: 포정해우(庖丁解牛)

✹

'포정해우'는 장자의 미학을 얘기할 때 빠지지 않는 고사다. 장자는 인간과 자연이 구분 없이 합일되는 물아일체(物我一體)의 경지를 지향했다. 자연은 억지로 무언가를 하지 않는 무위(無爲)의 세계다. 그는 사람이 생각의 한계를 무너뜨리고 풀어놓아야 이러한 자연의 도(道)를 터득할 수 있고, 진정한 자유를 얻을 수 있다고 말했다. 이렇게 마음을 비우고 도 위에서 노니는 상태, 소요유(逍遙遊)는 장자 철학의 완성이자 미학적 지향점이다.

포정해우 고사는 소요유에 다다르는 과정에서 터득하는 높은 예술적 경지를 표현한다. 장자의 '양생주(養生主)'에 실린 이야기다. 양(梁)나라의 포정이라는 백정(요리사로 보기도 한다)이 문혜군(文惠君)을 위해 소를 잡는다. 그런데, 그 기술이 너무 뛰어나 모두 음률에 맞을 정도였다. 소를 잡는 모습이 음악에 맞춰 춤을 추는 것 같았다는 의미이니, 얼마나 멋이 있었을까.

문혜군이 놀라 어떻게 그런 기술을 가지게 되었냐고 물었다. 포정도 처음에는 소의 몸뚱이만 보여 손을 대기 어려웠다고 답한다. 그렇게 3년이 지나니 소의 모습이 보이지 않게 되었다고 말한다. 소를 눈으로 보지 않고 정신으로 대하는 경지에 이른 것이다. 이후엔 자연의 이치(天理)에 따라 가죽과 고기, 살과 뼈 사이의 틈을 따라 칼을 놀릴 뿐이라고 했다. 자신의 칼에는 두께가 없는데, 저 틈이 보이니 여유 있게 움직일 수 있게 되었단다. 다른 칼잡이가 1년에 한 번씩 칼을 갈지만, 포정은 19년이나 같은 칼을 써도 새것 같았다는 이야기다. 소를 잡는 기술에서 도를 터득해 예술의 경지에 올라 있는 모습이다.

'물아일체의 경지에 이르러 소요유한다'고 말하면 참 어렵다. 하지만 포정의 말과 움직임을 머리에 떠올려 보면 힌트를 얻을 수 있다. 누구든 처음에는 나 이외의 것을 대상화한다. 스스로 벽을 만드는 것이다. 그러나 그 일을 반복하며 이치를 조금씩 알게 된다. 나중엔 이치가 몸에 완전히 체득되어 대상과의 경계가 없어진다. 도를 얻어 물아일체가 된 것이다. 눈을 감고도 일을 할 수 있게 된다. 어느 순간 즐겁게 노닐게 되면 소요유의 경지에 다다른 것이다. 장자는 하찮은 것으로 보이는 기술을 통해서도 인식의 자유를 얻고 진정한 예술을 만들어 낼 수 있다고 말하고 있다.

자신의 일에서 이렇게 거리낌 없이 자연스러운 경지에 이른 사람들이 있다. 처음 일을 배울 때부터 그 상태는 아니었을 것이다.

부지불식간에 머리로 몸으로 익힌 것이 대상과 나의 구별이 없어지는 단계로 나아갔을 것이다. 우리가 흔히 달인이라고 부르는 사람들은 이런 물아일체의 경지에 가까이 가 있다. 이것을 미학적으로 '예술'이라 명명하기는 어려울 수 있다. 그러나 분명 자신의 노력으로 도를 터득하고 그것으로 많은 사람들에게 도움을 주고 있다. 그것만으로 충분히 박수를 받을 만하지 않겠는가.

사람 꽃은
한 번만
피나

정원 알아 가기

 마당을 익히는 데 1년이 꼬박 걸렸다. 정원은 사시사철 변한다. 처음 본 모습대로 고정되어 있지 않다. 단독주택을 구해 이사를 들어간 것이 4월 중순이었다. 이삿짐이 들어오던 날 한창 꽃이 흐드러진 라일락 향기가 진하게 퍼졌다. 정원 곳곳에 있던 영산홍도 붉게 꽃피고 있었다. 그것 말고는 부동산 소개로 겨울에 처음 봤을 때와 큰 차이를 알 수 없었다. 큰 나무는 대부분 향나무, 소나무, 주목처럼 사시사철 변함이 없는 것들이었기 때문이다. 집을 정할 때 나무를 유심히 보지 않은 탓도 있었다. 물론, 멋진 마당은 집을 정하는 데 큰 이유가 되었다. 하지만, 난 그때 나무나 꽃에 대해 그리 잘 알지 못했다. 겨울에 노랗게 말라 있는 잔디와 파랗게 잘 자라 있는 침엽수들이 멋지게 대비를 이루고 있다고 생각했을 뿐이었다.
 봄이 시작되고 날이 따뜻해지자 여기저기서 알 수 없는 풀들이 자라기 시작했다. 싹이 나는 모양만 봐서는 잡초인지 아닌지 알 수 없었다. 한참을 지나 꽃이 피고서야 무엇인지 알 수 있었다. 함박꽃, 독일붓꽃, 에키네시아, 참나리 등 이름도 처음 알게 된 꽃들이 여기저기 피었다. 나무도 마찬가지였다. 꽃이 피고서야 정확히 무슨 나무인지 알 수 있었다. 서부해당화, 명자나무, 아로니아, 산수국, 모란이 피고, 장미도 노랑, 하양, 분홍 등 색이 다른 꽃이 여기저기 피었다. 그렇게 1년을 다 보내고서야 내 마당에 어떤 식물들이 사는지 알 수 있었다.

아름다운 시간폭탄

가장 신기했던 것은 잡초인 줄 알고 뽑아 버리려 했던 샤프란이었다. 잔디밭 한구석에 특이한 풀이 났다. 잡초라고 하기엔 너무 흔하지 않은 모양이었다. 잎도 뾰족하고 길게 나는데다 두께가 꽤나 있었다. 무엇보다, 색이 아주 짙은 초록이었다. 막 싹이 나는 풀들은 대개 연한 녹색을 띠기 마련이다. 하지만, 이 풀은 짙은 초록 잎에 노란 줄기가 선명했다. 심상치 않아서 파보았더니 조그만 마늘 모양의 구근이 달려 있었다. 신기했다. 조심스레 캐내어 볕이 잘 드는 화단으로 옮겼다. 하지만 풀은 옮겨 놓기 무섭게 시들어 버렸다. 무리하게 옮긴 나를 탓하고, 기억에서 잊혀졌다.

다음 해, 봄이 되자 그 자리에서 싹이 나왔다. 그리고 어느 풀보다 먼저 진한 보라색에 샛노란 술이 달린 꽃을 피웠다. 너무 신기해서 탄성을 질렀다. 새끼손가락 한 마디보다 작은 구근이었다. 모자란 내 실수로 죽어 버린 줄만 알았다. 이놈이 생명을 이어서 사계절을 지나 꽃을 피우다니. 아, 이놈들은 시간폭탄이었구나. 정확히 자신의 생명력을 보여 줘야 할 때 터지는, 아름다운 폭탄이었구나.

식물들은 한자리에서 조용히 자라는 연약한 것들이라 생각했었다. 겪어 보니 그렇지 않았다. 식물들은 긴 시간 동안 인내하며 자신의 힘을 응축시킬 줄 안다. 어떤 것은 씨에, 어떤 것은 구근에, 또 어떤 것은 뿌리나 줄기에 자신의 가능성을 모아 둔다. 한 해가 꼬박 걸리는 일이다. 봄이 오면 이렇게 응축한 생명력을 터뜨린다. 정원 곳곳에서 이 시한폭탄이 터진다. 조용한 식물들은 뜨겁게 힘을 모으고, 시간이 되면 그것을 보여 준다. 인간이 할 수 있는 것은 미미하다. 자연의 시간은 인간의 시간보다 더 엄격하게 흐르고 있었다. 오히려 식물은 스스로 때에 맞춰 무엇을 해야 하는지 정확히 알고 있었다. 그 시간 속에서 온 힘을 다해 생명력을 모은다. 그리고 자신의 에너지를 세상에 보여 줘야 할 때 꽃을 피운다. 그 큰 생명력이 인간에게까지 전달된다.

사계절 꽃 피는 정원 만들기

내가 꿈꾸던 집은 파란 잔디밭에 사철 꽃이 피는 곳이었다. 이미 정원이 갖춰져 있는 집에 들어가 크게 손을 댈 것이 없을 줄 알았다. 하지만 곧 너무 무지했음을 깨달았다. 내가 원하는 모습을 만들기 위해서는 자연의 때에 맞게 천천히, 그리고 많은 것을 준비해야 했다. 짧게는 1년, 길게는 십수 년 앞을 생각하며 일해야 했다.

이사 간 첫해, 내게 가장 큰 도움을 준 것은 빈카라는 풀이었다. 바닥에 덩굴 모양으로 번지고 조그만 혓바닥 같은, 반들반들한 잎을 가지고 있다. 귀여운 보라색 꽃도 핀다. 처음엔 뭐 저런 풀이 다 있네 하고 신기해하는 정도였다. 그런데 여름이 되어 잔디가 꽃밭 안으로 번지기 시작하자 얘기가 달라졌다. 잔디는 다른 곳으로 벗어나는 순간, 잡초보다 더 무서운 놈이 된다. 경계를 만들어야 했다. 인공물로 펜스를 칠까 고민하던 때였다. 빈카가 있는 자리에 잔디가 잘 넘어오지 못하는 것을 알게 되었다. '아 이거구나.' 여름에 빈카가 많이 자란 곳을 파내어 포기를 나눴다. 잔디밭의 경계가 희미한 곳부터 심기 시작했다. 몇 년이 걸렸다. 그렇게 빈카가 풍성해지면 포기를 나눠서 옮겨심기를 반복했다. 지금은 거의 완벽하게 잔디와 꽃밭을 가르며 꽃을 피운다. 무서운 자연의 번식력을 또 다른 자연의 힘으로 막아 낸 결과물이다. 지금 봐도 가장 뿌듯하고, 신기하다.

사철 꽃을 보기 위해 새로 심은 식물들도 많다. 봄에 꽃비가 날리는 것을 너무 좋아한다. 그렇게 맨 처음 심은 것이 벚나무다. 무럭무럭 자라서 지금은 축제에 안 가고서 꽃비를 볼 수 있게 되었다. 꽃 한 송이 달랑 피어 있던 수국 묘목도 심었다. 지금은 한창때 스무 송이 꽃을 자랑할 만큼 커졌다. 이렇게 조금씩 정원을 가꾸며 몇 년을 지냈다.

이젠 3월 말 샤프란이 제일 먼저 꽃피고 이어서 벚꽃, 라일락, 영산홍이 4월 초에 개화를 한다. 4월 중순부터 5월에는 정원 가득 꽃이 핀다. 세 가지 색 장미가 담벼락을 장식해 준다. 여기저기 심어져 있는 영산홍 사이로 다양한 나무와 풀들이 꽃을 피운다. 내가 좋아하는 작약도 다양한 색으로 심었다. 5월 중순엔 어른 주먹만 한 꽃을 곳곳에서 볼 수 있다. 6월에는 수국과 산수국이 피어 여름이 오는 소식을 알린다. 한여름에 꽃을 즐기려고 배롱나무를 심었다. 진한 분홍빛 꽃이 7월부터 시작해 10월까지 길게 피어 있다. 가을을 즐기기 위해 상사화 구근을 꽃밭에 심었다. 초여름에 잎이 사라졌다가 9월이 되면 꽃대가 올라오는 신기한 녀석들이다. 자연의 시간을 조금은 이해하고 긴 시간 준비한 결과다. 꽃의 생명력을 느끼며 행복해진다.

시간을 몸으로 느끼는 집

마당이 있는 집에 살면 계절의 변화를 온몸으로 느끼게 된다. 봄이 오면 볕이 따뜻하게 살갗에 닿는다. 노랗게 말라 있던 흙과 나무에 파릇하게 싹이 돋아난다. 보이지 않았던 새들이 나타나 노래한다. 꽃이 피면 향긋한 냄새를 퍼뜨리고, 한 해 가장 화려한 시기가 펼쳐진다. 여름엔 강렬한 햇살 아래 모든 생명이 쑥쑥 자란다. 다 가을에 결실을 맺고 겨울을 준비하기 위해서다. 추운 겨울엔 모든 것이 정적 속에 묻힌다. 눈이라도 내리면 향나무와 소나무의 푸른색도 감춰져 한지에 먹으로 그린 것 같은 무채색의 세계가 만들어진다. 그렇게 다 죽어 있던 것 같은 세상이 봄이 되면 다시 살아난다. 따뜻한 볕, 파릇한 싹, 지저귀는 새, 향긋한 꽃 냄새가 살아난다. 이렇게 계절이 가고 생명이 피어나며 쉬는 것을 오감으로 느낀다.

참 복받은 느낌이 든다. 자연을 보지 않고 살았을 때는 시간이 추상적으로만 느껴졌다. 하루가 가고 한 해를 보내는 것에 별다른 느낌이 없었다. '오늘 하루 무사히 버텼네', '벌써 또 나이 한 살 먹나' 같은 관념 속의 이미지뿐이었다. 가는 시간을 몸으로 느끼게 된 후, 예전처럼 허무하게 세월이 흘러가지 않는다. 봄이 되었으니 꽃이 필 것이다. 여름엔 새파란 잔디가 쑥쑥 자랄 것이다.

가을이 되면 바람을 즐길 수 있을 것이다. 겨울엔 따뜻한 집에서 눈을 감상할 수 있을 것이다. 계절이 변할 때마다 구체적으로 할 일과 즐길 일들이 떠오른다. 가을에 할 수 있는 일을 봄에 할 수도 없다. 여름이 싫다고 겨울을 먼저 당겨 올 수도 없다. 여름 꽃을 보고 싶으면 한 해 전부터 준비를 해야 한다. 그렇게 심어 놓은 시간폭탄이 충분히 숙성되어 알맞게 터지기를 기다려야 한다. 지금 준비한 것이 언젠가 결실을 맺으리란 생각만으로 기다리는 시간이 더 가치 있어진다. 계절이 가는 것을 체감한 이후 받은 큰 선물이다.

꽃다운 시절

인생의 황금기를 괜히 꽃다운 시절이라고 부르는 게 아닌 것 같다. 한창 꽃이 피는 5월은 누가 봐도 좋은 계절이다. 화양연화(花樣年華)나 청춘(靑春) 같은 말이 다 이런 파릇한 봄을 가리키고 있다. 어디서 봤나 잘 기억이 나지 않지만, 식물들이 부럽다는 글을 읽은 적이 있다. 꽃은 지금 져도 내년에 다시 핀다. 사람은 꽃다운 청춘이 지나면 다시 돌아오지 않으니 저 나무가 부럽다는 글이었다. 그럴지도 모르겠다. 나이 들어 친구들을 만나면 다 옛날 얘기뿐이다. 젊었을 때 했던 바보 같은 짓들을 끄집어내서 히히덕대는 게 즐거움이다. 다시 돌아오지 못할 시절에 대한 동경이 가슴 깊이 깔려 있는 듯싶다.

하지만 정원의 꽃들을 오래 보아 온 지금, 정말 그런 것일까 하는 의심이 생겼다. 식물이 해마다 꽃을 피우는 것은 영근 결실을 맺기 위해서다. 조금씩 성장하며 그 꽃도 늘어난다. 꽃은 자신의 에너지를 세상에 보여 주는 가장 적극적인 소통 방법이다. 자신의 생명력을 제대로 남길 때까지 스스로를 표현하길 반복한다. 젊은 시절에 화양연화가 지나간다면, 인간은 그렇지 않다는 말인가.

영화 〈미드나잇 인 파리〉를 좋아한다. 주인공은 소설가를 꿈꾸는 젊은이다. 할리우드 각본가 처지를 벗어나려고 노력하지만 잘 되지 않는다. 그는 위대한 예술가들이 모여 토론하고 즐기던 1920년대의 파리를 동경한다. 우연히 과거로 거슬러 올라가는 자동차를 탄 주인공은 거기서 황금시대의 주인공들을 만난다. 어니스트 헤밍웨이, 스콧 피츠제럴드, 파블로 피카소, 살바도르 달리 등을 만나 흥분한다. 그리고 거기서 아름다운 여인도 만나 사랑에 빠진다. 이 여인은 19세기 말의 벨 에포크를 황금시대로 동경하고 있었다. 둘은 다시 1890년대로 거슬러 올라간다. 거기서 툴루즈 로트렉, 에드가 드가, 폴 고갱 같은 예술가를 만난다. 아이러니하게도, 그들은 르네상스 시기를 황금시대라고 얘기하고 있다.

늘 이런 게 아닌가 싶다. 사람들은 지나간 시절에 대한 아련함을 가슴 한구석에 가지고 있다. 자신의 인생에서 지나친 순간일 수도 있고, 내가 겪지 못했던 더 옛날 이미지에 대한 것일 수도 있다. 왠지 지금보다 더 낭만이 있었던 것 같은 느낌이 든다. 지금 이루지 못한 것을 그때로 가면 해낼 수 있을 것만 같다. 그럴지도 모른다. 이런 마음이 아쉬움으로 다가온다. 하지만, 그때로 돌아가면 다시 더 과거를 회상하지 않을 자신이 있을까? 미래의 나는 지금의 나를 회상하지 않을까? 미래의 나에겐 지금 이 순간이 화양연화일 수 있지 않을까?

지금 이 순간

계절이 변하는 정원을 보고 있으면, 중요하지 않은 단 한 순간이 없다. 봄에 싹을 내지 못하면 꽃을 피우지 못한다. 꽃이 없으면 씨앗도 내지 못한다. 겨우내 씨로 견디지 못하면 아름다운 폭탄도 터뜨릴 수 없다. 작은 풀꽃부터 아름드리 벚나무까지 계절에 맞게 준비하고 보여 준다. 나무마다 풀마다 각자의 시간이 있다. 초봄에 꽃을 피우는 샤프란도 있고 가을에 화려한 상사화도 있다. 사람의 시간은 나무의 시간과 다르게 흘러간다. 언제 싹을 내고 언제 꽃을 피우는지 알기 어렵다. 우리가 그토록 동경하는 청춘의 시절에 모두 꽃이 피었을까? 싹만 내밀었거나, 씨로 아직 흙 속에 있진 않았을까?

  질문이 틀렸을지도 모르겠다. 사람 꽃은 한 번만 피나? 우리의 에너지를 보여 줘야 할 때마다 꽃을 피우지 않았을까? 태어나서 우리는 부모님께 꽃이었다. 사랑에 빠졌을 땐 연인에게 꽃이었다. 아이들에겐 더 없이 크고 따뜻한 꽃이 된다. 정원의 꽃들처럼 우리 인생에서 단 한 순간이라도 중요하지 않을 때가 있을까 싶다. 1년을 준비해서 한 번 꽃을 피우는 것이 나무다. 우리 인생은 얼마를 기다려 꽃을 피우는지 나는 모른다. 하여, 난 때를 기다리며 충실히 살 것이다. 내 마음을 잘 준비하고 소소하게 의미를 놓치지 않는 하루들을 살고 싶다. 그렇게 살면 어느 순간 꽃처럼 보일 때가 지나가지 않을까.

+α
임마누엘 칸트(Immanuel Kant)
: 숭고

✸

　웅장한 자연 경관 앞에 섰을 때 우리는 뭔가 압도되는 감정을 가지게 된다. 아름답다는 말로 충분히 표현하지 못하는 이 상태를 미학에서는 '숭고(崇高, sublime)'라고 부른다. 사람들은 이 압도적인 감정에 매혹될 수밖에 없다. 당연히도 이 느낌을 담은 많은 예술작품을 남겼다. 이성적 사고가 발달한 근대에 들어서자 철학자들은 미(美)적 판단과 다른 이 감정을 설명해 보려 노력했다. 『판단력비판』에서 미적 판단에 대한 논리를 펼친 칸트는 당연히도 이 숭고의 개념에 대해 이론을 펼친다.
　앞서 살펴봤듯, 칸트는 판단력을 객관성을 가진 규정적 판단력과 주관적인 성질의 반성적 판단력으로 나눴다. 이 반성적 판단의 영역 안에 미와 숭고에 대한 인식이 들어 있다. 이 둘은 공통점이 있다. 먼저 인간의 욕구나 의도와 관련 없이 무관심한 어떤 감정을 느끼게 해준다. 또, 내가 느끼는 것을 다른 사람들도 그렇게 느낀다는 보편성과 필연성도 가진다. 아름다운 것과 숭고한 것들은 아무 이유 없이 그 앞에 서 있어도 나와 내 옆 사람이 비슷한 감정을 느낀다는 말이다.

그러나 숭고는 양적(quantity)인 계기에서 미와 차이점을 보인다. 숭고는 인간의 지성으로 파악할 수 없는 절대적인 크기에서 느껴진다. 예를 들면, 무한히 큰 우주는 우리 눈으로 확인할 수 없다. 우주를 상상하면 무엇인지 모르게 압도되는 감정을 느낀다. 이것이 숭고이다. 이렇게 숭고는 감각이 인지할 수 있는 기준을 넘어서기 때문에 지성으로 판단할 수 없다. 나를 압도하는 대상을 만났는데, 내 지성이 그것을 파악하지 못하는 인식의 부조화가 만들어진다. 이런 부조화의 감정은 일차적으로 쾌적함과 거리가 멀다. 내 힘으로 파악을 할 수 없으니 기분이 좋기만 할 수는 없다. 미가 질(quality)적인 측면과 관계되고, 쾌적함을 느끼게 하는 것과 다르다. 아름다운 것을 보면 즐거운 느낌이 드는 것은 누구나 마찬가지다. 또, 미는 상상력과 지성이 머릿속 개념들을 목적에 따라 배열하는 형식적 유희에서 발생한다. 아름다운 것들을 잘 배열해 내는 것이 예술이지 않은가. 그러나 숭고는 형식을 잡을 수 없고 맘대로 배열할 수도 없다. 뭘 어쩌지 못하는 답답함이 생긴다.

인간이 압도적 대상에 절망을 느낄 때, 새로운 인식을 요구하게 된다. 인간의 내부에서 판단할 수 없으니 그것을 넘어선 무언가를 생각하게 만든다. 즉, 지성을 넘어서는 초감성적인 것을 생각하도록 한다. 영원함을 그려 내고 절대자의 존재를 느끼는 일이 벌어진다. 실제로 볼 수 없는 무한의 세계, 형이상학의 세계로 이성이 확장되는 것이다. 이렇게 지성으로 파악되지 않는 범위에 있는 것을 우리의 인식능력으로 채우고 그려 낸다. 이 순간, 앞서 느꼈던 좌절감은 한정된 세계를 초월하는 쾌감으로 발전한다. 이 과정을 살펴보면, 아름다움은 외부의 대상에서 오지만 숭고함은 우리의 사고 작용에서 온다는 것을 알 수 있다. 이렇게 우리의 인식을 넘어서는 자연은 인간 스스로 현실을 초월하도록 자극한다.

자연은 꼭 극복해야 하는 대상이 아니다. 자연은 숭고하다. 미학적으로 자연에 압도된 인간이 인식을 확장하고 발전시킬 수 있다. 우리의 상상력을 자극해 무한의 세계로 들어갈 수 있게 해준다. 어려운 칸트의 언어가 아니어도, 무한한 자연 앞에서 겸손한 인간이 더 큰 세계를 품고 있다는 것을 우리는 이미 알고 있다.

전쟁과 평화

뇌를 쓰는 새로운 방법

요즘 사람들은 뇌를 일부분 외주를 주며 사는 건 아닐까 하는 생각이 든다. 전철이나 버스 같은 대중교통을 타보면 알게 된다. 앉았든 서 있든 거의 모두 단 한시도 쉬지 않고 핸드폰을 들여다보고 있다. 재미난 영상을 보거나 게임을 한다. 궁금한 것을 검색하고 지인들과 텍스트로 대화를 나눈다. 혼자 생각을 한다거나 주위를 둘러보며 관찰을 하는 사람은 보기 힘들다. 상상력의 크기는 생각을 즐겨 하는 사람일수록 커지는 법이다. 우주의 먼지보다 작은 몸뚱이를 가진 인간이지만, 머릿속으로 무한대를 그려 내는 것 또한 인간이다. 제한 없이 펼쳐지는 세계에서 즐길 수 있는 유희의 기쁨이 있다. 하지만 요즘은 즐거움, 정보, 인맥 모두 폰 안에 있는 것 같이 느껴진다. 능동적으로 머리를 써서 무언가를 하기보다 스마트폰을 손가락으로 두드려 새로운 자극을 찾는 것이 더 익숙해지고 있는 모양이다. 원래 뇌가 하던 일들, 그러니까 정보의 기억이나 창출, 감정이나 사실의 가치판단 등 대부분의 것들을 스마트한 전화기가 대신 해주는 느낌이다.

TV에서 한 뇌과학자가 이것은 퇴보가 아니라고 말하는 것을 본 적이 있다. 뇌를 쓰는 방법이 달라진 것일 뿐이란다. 그럴지도 모르겠다. 한 인간이 경험할 수 있는 것보다 훨씬 많은 것들이 폰을 통해 전달되니까. 그 많은 것들을 결합해서 변증법적인 발전을 만들어 낼 수도 있으니까.

연결된 세상

내가 대학에 입학했을 때는 아직 386 컴퓨터에 플로피디스크를 꽂아서 쓰던 시절이었다. 당시 내 하숙집에는 괴짜 친구가 하나 있었다. 점성술이 궁금하다고 히브리어를 독학하고 술은 달달한 진로 포도주만 병째 마시던 녀석이었다. 하지만 컴퓨터를 전공하는 선배들은 그가 천재라고 입을 모아 말했다. 그 시절 내게 컴퓨터란 워드프로세서이거나 게임기 정도였지만, 그는 전공도 아니면서 PC로 많은 것을 할 수 있는 능력자였다.

하루는 그 친구가 중세 영어로 적혀 있는 문서를 몇 장 들고 온 적이 있다. 사람을 개구리로 만드는 주문과 준비물이 적혀 있다고 했다. 그게 가능하냐고 물었다. 그 녀석은 단호하게 된다고 말했다. 단지 달빛 아래 피는 어떤 꽃에 맺힌 이슬이 없어서 하지 못할 뿐이라나. 난 어이없었지만, 그의 눈은 진심이었다. 대체 그런 이상한 주술서는 어디서 구했냐고 물었다. 그 친구는 어떻게 설명할지 잠시 생각하더니 말해 줬다. 미국에 있는 연구실 PC에 전화 같은 걸 연결한 후 거기 있는 정보를 찾아온 거라고 했다. 미국에 가지도 않고 사람을 통하지도 않았는데 원하는 정보를 찾아오다니, 이게 뭔 소리란 말인가. 아주 놀랐지만 난 그게 초기 인터넷이라는 사실을 당시에는 전혀 알지 못했다. 그래서 무식하게 이런 질문을 던졌다. "국제 전화인데 돈이 많이 들진 않는 거냐?"

이렇게 일부 사람들이 알고 있던 인터넷은 월드와이드웹(www)이라는 무료 프로토콜로 보급되며 급속도로 퍼져 나갔다. 세상이 뒤집어졌다. 그 발전의 속도가 너무 빨라 어느새 손바닥 위에 얹을 수 있는 작은 물건 하나로 전 세계를 볼 수 있게 되었다. 이젠 핸드폰 없이 사는 일상을 상상도 할 수 없다. 스마트폰이라는 매체가 곧 내 세상이 되었다. 레거시 미디어(Legacy media)라고 부르는 TV, 라디오, 신문은 말 그대로 과거의 유산이 되어 그 영향력이 약해지고 있다. 이런 매스미디어가 골라 준 정보만을 한정적으로 받아들였던 때엔 세상 돌아가는 것이 궁금해도 나 스스로 선택할 수 있는 것은 거의 없었다. 지금은 PC와 모바일 기기에 손가락을 놀리는 노력만으로 세상 어디에 있든 내가 원하는 정보를 찾아낼 수 있게 되었다. 웹 기반의 미디어가 온 세계를 연결시킨 것이다.

난 궁금한 것이 많은 편이다. 인터넷이 보급되기 전엔 사전이며 책을 뒤져 필요한 정보를 찾아야 했다. 그러려면 도서관을 가든 책방을 가든 해야 한다. 거기서 다시 내가 원하는 것을 찾을 때까지 시간을 들여야 했다. 지금은 궁금증을 해결하는 데 몇 초만 들이면 된다. 폰을 꺼낸다. 검색창을 연다. 키워드를 넣는다. 이 세 단계를 거쳐 나온 결과들에서 필요한 것을 취하면 된다. 한국에 필요한 것이 없으면 해외를 찾아보면 된다. 외국어가 어려우면 번역기를 돌려 검색해도 된다. 이젠 생성형 AI가 등장해 적절한 검색결과를 골라 말해 주기까지 한다.

유혹하는 정보들

오히려 정보가 넘쳐나 과잉상태가 되었다. 정보를 찾아내는 것이 중요한 것이 아니라 쓰레기 정보를 가려내는 것이 더 중요한 능력이 되었다. 겉만 번지르르하게 포장된 정보들이 우리의 눈을 속이고 있다. 50여 년 전 보드리야르(Jean Baudrillard)는 현대의 소비행위는 대중매체가 좋은 것이라고 전달해 주는 이미지, 즉 행복이라는 기호를 사는 것이라고 간파한 바 있다. 인간의 욕망은 쾌락을 쫓아가는 경향이 있다. 사람은 물건을 소비할 때 쾌락을 쫓아가고, 이에 대한 죄책감을 가지게 된다. 대중매체는 이런 죄책감을 합리화할 수 있는 가상의 이미지를 제공한다. 저 물건을 사는 것이 당신의 행복한 인생에 보탬이 되는 것이라고 설득한다. 필요한 것만 소비하는 시대는 끝났다. 필요를 떠나 저것을 가져야 좋은 인생이라는 '행복의 기호'를 구매하도록 만든다. 매체에 나오는 연예인의 모습이 실제 생활에서 똑같을 수는 없다. 하지만 그들의 이미지를 '행복의 기호'로 포장해 동경하게 만든다. 좋은 TV나 비싼 차가 행복과 동의어는 아니지만, 그걸 사면 잘 사는 인생이라고 믿게 한다. 영화 〈매트릭스〉에서처럼 매체는 우리의 인식을 조작해 허구의 이미지를 실제라고 생각하게 만드는 것이다.

보드리야르가 지적한 매체는 지금 우리가 레거시 미디어라고 부르는 것들이었다. 시대가 변한 현재엔 소셜미디어가 그 역할을 더 충실히 수행하고 있다. 매스미디어는 노출시킬 정보의 중요성을 판단하고 고르는 데스킹이라는 과정이 존재한다. 하지만 소셜미디어는 그것을 운영하는 개인이 원하는 대로 정보를 올릴 수 있다. 다른 사람의 검증 없이 아주 손쉽게 원하는 것을 노출시킨다. 수없이 많은 채널을 통해 '있어 보이는' 물건들, '행복해 보이는' 일상들이 업로드된다. 그리고 모바일 기기로 언제든 접속이 가능한 우리를 시도 때도 없이 자극한다. 맘속으로는 저게 저 사람의 진짜 일상이 아니라고 생각하고 있을지도 모른다. 그러나 아무리 저 정보가 본질이 아니라고 이성을 끌어올려 봐도 자기도 모르는 사이에 그 허상을 부러워하게 된다.

난 소셜미디어를 운영하지 않는다. 시사프로그램을 하면서 개인 정보를 웹에 공개하는 것이 얼마나 무서운 것인지 절감했다. 아무리 포장을 잘 해도 사생활이 드러난다. 나중에 그것을 지우고 싶을 때 마음대로 되지도 않는다. 소셜미디어를 멀리 해서 그나마 허상의 이미지들에 굴복할 일은 적다. 그렇다고 유혹이 없는 것은 아니다. 관심 있는 것을 검색하고 쇼핑사이트에 잠깐 들어갔다 나오면 귀신같이 알고 광고가 뜬다. 내가 생각지도 못한 내 취향의 물건을 눈앞에 딱 대령해 준다. 자제심이 흔들린다.

언제든 정보를 찾을 수 있는 환경이 소비를 가속시킨다. 가끔 TV에 나온 출연자가 맘에 쏙 드는 옷을 입고 나올 때가 있다. 손이 근질거리기 시작한다. 저 옷은 어떤 제품일까 답을 찾을 때까지 검색을 한다. 결과를 찾아내는 데 성공했다는 즐거움이 드는 순간 어느새 카드번호를 입력하고 있는 나를 발견하곤 한다. 역시 보드리야르는 천재다.

세계가 손잡고 만든 스웨터

내겐 복슬복슬한 양을 패턴으로 뜨개질한 스웨터가 하나 있다.

감히 세상에서 단 하나밖에 없는 옷이라고 말할 수 있는, 아끼는 물건이다. 해외 유튜버의 영상을 보다 거기 출연자가 입은 옷에 꽂혔다. 저건 뭐지, 바로 검색에 들어갔다. 그 스웨터는 다이애나 황태자비가 입어서 인기를 끌었던 디자인이었다. 차이라면, 황태자비의 옷은 선홍빛 레드였고, 유튜버의 것은 약간 어두운 파랑이었다는 정도였다. 맘에 들었다. 바로 물건을 찾아냈다. 그러나 유튜버가 입었던 옷은 이미 품절 상태였다. 다이애나비가 유행시킨 지 30년 가까이 지나서인지 어디를 뒤져도 파는 곳이 없었다. 아쉬움이 가시지 않았다. 뭔가가 찾아질 때까지 검색을 했다. 스웨터에 들어가는 양 한 마리가 몇 코씩 뜨개질을 해야 하는지 설명하는 패턴 설명서만 찾을 수 있었다.

　더 이상은 한계라는 생각이 들 때 엉뚱한 아이디어가 떠올랐다. Etsy라는 온라인샵이 있다. 전 세계의 핸드메이드 공예품 제작자들이 물건을 파는 곳이다. 거기서 스웨터를 구매한 적이 있었다. 우크라이나의 판매자였는데, 본인이 디자인한 니트류를 직접 만들어서 보내 주는 곳이었다. 고급스러운 느낌은 아니었지만 흔히 볼 수 없는 독특한 디자인이 마음에 들었던 기억이 났다. 직접 니트를 짜는 곳, 여기에 한번 의뢰를 해보자. 그 우크라이나의 공방에 메시지를 넣었다. 내가 본 영상의 스웨터 이미지와 검색으로 찾은 패턴 설명서를 함께 붙여서 제작이 가능한지 문의

했다. 그리고 생각하는 구매 가격을 제안했다. 바로 다음 날 회신이 왔다. 해주겠다고. 나의 쓸데없는 끈기가 결실을 맺은 것이다. 환호성을 질렀다. 직접 볼 일은 없겠지만, 유라시아대륙 반대편에 있는 한 사람과 손 붙잡고 함께 일을 하는 것 같은 친밀감이 생겨났다.

내게 우크라이나는 인연이 없는 나라였다. 옛날 소비에트 연방에 속해 있던 나라, 체르노빌 원전 사고가 터진 나라라는 정도가 아는 것의 전부였다. 물건을 주문하고 나니 구호로만 생각했던 '지구촌'이란 것이 현실로 체감되었다. 해외에서 만들어진 영상을 보고 아이디어를 얻었다. 영국의 30여 년 전 유행에 대한 정보를 찾는다. 미국에 사는 중년 여성이 올린 패턴을 알게 된다. 한때는 서방세계의 적이었던 우크라이나 공방에 제작을 의뢰한다. 그리고 그 물건은 하늘을 지나 여기 한국으로 온다.

세계가 하나로 연결되기 전에는 생각지도 못했을 일이다. 나는 평소 살던 일상에서 한 걸음도 밖으로 나가지 않고 전 세계 사람들의 역량을 모았다. 한 걸음이 무슨 말인가, 내 손놀림만으로 모든 것을 다 해낸 것이다. 주문 후 받은 스웨터는 너무도 만족스러웠다. 고급스러운 소재도 아니고 쫀쫀하게 밀도 높은 짜임새도 아니었다. 하지만 내 조그마한 아이디어를 전 세계의 도움을 받아 구현된 결과물이라는 것에서 비교할 수 없는 가치가 느껴졌다.

전쟁, 행복의 기호를 깨다

'스웨터는 주인의 사랑을 오래오래 받았습니다' 하는 해피엔딩으로 끝났으면 좋았겠다. 안타깝게도 이 이야기는 여기서 마무리되지 않는다. 아직 코로나가 다 물러가지 않았던 2022년 2월, 우크라이나가 침공되었다는 뉴스가 전해졌다. 스웨터를 아껴가며 입은 지 몇 년 지난 때였다. 처음 뉴스를 접했을 땐 에이 잠깐 저러고 말겠지 생각했다. 며칠이 지나고 몇 달이 가도 전쟁은 계속되었다.

그러다 문득 스웨터를 만들어 줬던 분이 궁금해졌다. 메시지를 주고받을 때 보이던 프로필 사진이 떠올랐다. 판매자는 30~40대 정도의 여성이었다. 그 이상의 정보는 알 수도 없었고 궁금하지도 않았었다. 전쟁이 우크라이나 전역으로 번지고 있던 그때서야 난 한 인간으로서의 그 사람에 대해 생각하기 시작했다. 손재주가 좋은 분이었을 것이다. 장사 수완도 어느 정도 있었을 것이다. 그래서 세계를 상대로 장사를 할 준비를 했을 것이다. 자신의 디자인을 직조해 주는 기계 같은 것도 있었을 것이다. 가족이 함께 사는지는 몰라도 소소히 장사를 하며 일상을 영위하는 삶이었을 것이다. 전쟁이 났으니 그 모든 것들을 버려야 했을 수도 있겠다는 생각이 들었다. 걱정이 되기 시작했다. 구매했던 온라인샵을 찾아가 보았다. 화면에 메시지가 떴다. "Sorry, the member you are looking for does not exist." 가게는 더 이상 존재하지 않았다.

　머리를 한 대 맞은 느낌이었다. 보이지도 않을 만큼 먼 곳에 있는 사람들과 협업을 하는 좋은 세상에서 살고 있다고 생각했었다. 하지만 현실은 그게 아니었다. 난 너무 쉽게 생각했구나. 우연히 촉발된 나의 욕망을 구현하기 위해 허구의 기호를 좇아 만든 행복에 안주하고 있었구나. 모든 것을 찾아낼 수 있고 만들어 낼 수 있을 것만 같은 인터넷 속의 세상도 현실의 기반 없이는 존재할 수 없다. 손안에서 모든 것을 볼 수 있는 것 같지만 정작 현실은 그 너머에 있다. 직접 보고도 알 수 없는 것이 너무 많다. 사람을 직접 만나도 그 사람의 삶은 쉽게 보이지 않는다. 하물며 웹을 통해 보는 세상은 어떻겠는가. 그 이미지들은 내가 보고 싶은 것을 골라 편집한 모습들일 뿐 굳건한 실재는 멀리 떨어져 있다는 것을 잊고 있었다. 극단적으로 비이성적인 사건인 전쟁이 나의 이성을 일깨우는 아이러니라니…

평화를 지켜라

옛날 방식대로 머리를 쓴다거나 생각을 깊이 하지 않아도 즐겁게 살 수 있다. 모바일 매체를 통해 뇌를 쓰는 새로운 방법이 생겼을지도 모르겠다. 그렇지만 잊지 말아야 할 것이 있다. 인간은 현실이라는 토양 위에 발을 딛고 서야 살 수 있는 존재다. 우리 모두가 〈매트릭스〉 속의 인간처럼 살 수는 없는 것 아닌가. 현실로 구현할 수 없는 허상을 쫓아다니다 보면 내 존재는 방향을 잃고 헤맬 수밖에 없다. 자신이 주체가 되어야 할 삶이 보이지도 않는 이미지에 끌려다니면 허무하지 않겠는가.

또, 우리의 평화는 당연하지 않다. 누군가를 혐오하는 마음이 모이면 의도치 않게 집단 이성이 무너지고 한순간 평화가 사라질 수 있다. 평화를 지켜야 한다. 너무 거창한 소리로 들릴지도 모르겠다. 하지만, 그렇게 어렵지도 않다. 간간이 내가 어떤 사람인지 살펴보면 된다. 이 평화로운 현실이 계속될 수 있도록 다른 사람과 공감해 보면 된다. 가끔씩이라도 해보면 된다. 어떤가? 밑져야 본전 아닌가?

+α

장 보드리야르(Jean Baudrillard)
: 시뮬라크르

✺

영화 〈매트릭스〉가 개봉되어 충격을 줄 때였다. 먹물 좀 먹었다 싶은 글들에 꼭 등장하는 개념이 있었다. 보드리야르의 시뮬라크르(simulacres)와 시뮬라시옹(simulation)이었다. 이 단어들의 사전적 의미는 둘 다 '모방' 또는 '모사'이다. 그렇지만 보드리야르는 이 용어들을 철학적인 개념으로 사용한다. 시뮬라크르는 원본 없이 독자적으로 존재하는 이미지를 말한다. 시뮬라시옹은 이 시뮬라크르를 만드는 과정을 뜻한다.

과거 모방물들은 원본이 있고, 그것을 따라 하는 것이었다. 고대 철학에서 플라톤이 말하는 '동굴의 비유'에 해당한다. 플라톤은 이상적인 세계로 이데아(idea)가 있다고 봤다. 현실세계는 이데아의 모방이다. 인간은 동굴 안의 큰 돌에 묶여 바깥을 볼 수 없는 존재이다. 동굴 밖에 이데아가 해처럼 떠 있는데, 인간은 묶여 있어 그것을 직접 볼 수 없다. 오직 이데아의 그림자만 보면서 그것이 현실이라 생각하는 어리석은 존재라는 것이다. 플라톤에게 원본은 이데아 세계다. 당연히도 이데아를 모방한 이 세상의 것들은 완벽한 실재와는 거리가 먼 열등한 것이다.

보드리야르의 시뮬라크르는 조금 다르다. 일단 원본이 없다. 플라톤의 세계에서 모방이 만들어지려면 그림자를 드리울 원본이 있어야 한다. 하지만, 시뮬라크르는 세상에 존재하는 것과 연결이 되어 있지 않다. 영화 〈매트릭스〉 속 세상이 그렇다. 현실에 없는 사람, 실제로는 없는 물건들을 보여 준다. 더 무서운 것은 그게 더 진짜 같아 보인다는 점이다. 인간은 원본 없이 '시뮬라시옹'해서 만든 '시뮬라크르'만으로 가득 찬 세상 속에 갇힌다. 자신의 몸은 배양액 속에서 배터리처럼 묶여 있지만, 시뮬라크르가 더 현실이라고 생각한다. 현실을 깨닫는 알약을 먹고 나와서도 다시 그 세계로 돌아가려는 배신자도 등장한다. 시뮬라크르가 현실세계를 압도하는 가치를 지닌다고 생각하기 때문이다.

진짜 문제는 우리도 이 시뮬라크르의 세상 속에서 산다는 것이다. 우리는 세상을 미디어를 통해 받아들인다. 미디어는 자본, 즉 돈과 무관하게 존재할 수 없다. 따라서 미디어는 실재 그대로가 아닌, 잘 팔리는 이미지를 만들어 보여 준다. 소비자들은 상품을 보기 전에 광고를 만난다. 그래서 광고에서 만들어 낸 이미지, 즉 자본의 기호를 상품으로 인식하고 소비한다. 심각한 점은 사람들이 이것에 익숙해져 전혀 문제의식을 느끼지 못하는 데 있다. 한 예로 화려한 이미지를 가진 연예인을 떠올려 보자. 실제 생활이 어떻든 그 이미지를 신봉하는 극렬한 팬덤이 생긴다. 어느 순간 문제가 생겨 그 연예인의 민낯이 드러났을 때 팬들의 반응을 상상해 보라. '그분이 그럴 리가 없어!'라고 거부할 것이다. 우리가 받아들인 이미지들은 대부분 미디어에 의해 만들어진 것이다. 하지만, 그것이 진실인지 냉철히 생각하는 일은 극히 드물다. 오히려 미디어에서 만들어진 이미지가 진실이라고 철석같이 믿고 밝혀지는 사실을 부정하게 된다.

조회 수를 올리기 위한 소셜미디어의 전략은 아주 얄팍하다. 보는 사람을 자극해 돈을 벌 수 있는 것으로 도배를 한다. 한시도 쉬지 않고 그 속에 빠져 있다 보면 진실은 없고 내가 보고 싶은 시뮬라크르만 남는다. 자본주의가 고도로 발전되며 짜여진 보이지 않는 '매트릭스', 무섭지 않으신지?

신비의
돌을
찾아서

현자의 돌 그리고 뮤지컬

연금술사들은 현자의 돌을 연성하기 위해 평생을 바쳤다. 싸구려 금속을 황금으로 바꿔 주는 환상의 물질이라니, 얼마나 매력적인가. 수많은 사람들이 이 신비의 돌을 만들어 내는 일에 투신했다. 처음에는 황금을 가지기 위한 욕심으로 시작했을 것이다. 성공만 하면 부와 권력이 생길 일, 자신이 알고 있는 온갖 지식과 경험을 쏟아부었다. 하지만 아무도 보지 못한 돌이었다. 누군가 만들어 냈다거나, 본 적이 있다는 소문만 무성했을 것이다. 그래도 멈추지 않았다. 자신의 노력으로 무언가 만들어 낼 수 있을 것 같은 성취를 조금씩 겪었을 것이다. 어느 순간엔 황금이나 현자의 돌이라는 궁극의 목표를 잊고 자신의 솥 안에서 벌어지는 환상적인 화학 현상들을 보며 탄성을 질렀을 것이다.

미지의 매력에 마음을 송두리째 빼앗길 때가 있다. 완벽한 예술작품을 얻기 위해 수백수천 개의 도자기를 깨는 도공, 풀리지 않은 명제를 증명하기 위해 평생을 숫자와 씨름하는 수학자 같은, 어디선가 들어 본 이야기들이다. 거부하지 못하는 매력을 지닌 것들에 대한 전설은 시대를 막론하고 이어져 내려온다. 완벽한 예술작품이 무엇인지, 수학 명제에 답이 있는 것인지는 아무도 모른다. 하지만 세이렌의 노래처럼 빠지면 헤어 나오지 못한다. 너무도 매력 있고 사랑스럽지만, 닿을 수 없는 답답함에 절망을 느낀다. 오만 정을 떼고 잊으려 해도 어느새 다시 그 앞에 서 있다. 잘못 들어서면 늪에 빠질 걸 알면서도 걸음을 내딛는다. 연금술사들에겐 현자의 돌이 그러했다. 내겐 뮤지컬이 그렇다.

20세기 소년과 <오페라의 유령>

나의 첫 배낭여행은 뉴욕과 유럽의 미술관을 순례하는 것이었다. 학부시절, 미술사 공부에 빠져 있을 때다. 당시엔 아무리 미술 관련 서적이어도 그림이 제대로 인쇄된 책이 흔하지 않았다. 위대한 걸작이라도 쬐깐한 흑백 도판으로밖에 볼 수 없었다. 너무 답답했다. 진짜 작품이 눈앞에서 전달하는 감동을 느껴 보고 싶었다. 작정을 하고 세계 유수의 미술관을 돌아다녔다. 메트로폴리탄, MoMA, 루브르, 우피치, 바티칸, 프라도, 내셔널갤러리 같은 메이저 박물관은 빠짐없이 돌았다. 암스테르담 국립미술관, 페르가몬 박물관, 소피아 미술관처럼 중요한 작품이 있는 곳도 빼놓지 않았다. 계획 없이 만났던 휘트니 비엔날레, 닫혀 가는 문을 두드려 간신히 보았던 금빛의 클림트 등등 매일이 새로운 경험이었다. 서양미술사를 모두 눈으로 확인하리라 다짐하고 꼼꼼히 계획을 세운 덕이었다. 그렇게 40여 일의 시간 동안 말 그대로 발바닥에 땀 나도록 돌아다녔다.

일정이 거의 끝나 갈 무렵이었다. 요즘은 영국박물관이라고 부르는, 대영박물관을 보고 난 뒤였다. 한 달 넘는 강행군에 지쳐 있었다. 이미 많은 작품을 봤고, 고대 유물 중심의 대영박물관이 생각보다 맘에 차지 않아 심드렁한 상태였다. 한여름 태양도 너무 뜨거웠다. 소프트아이스크림을 하나 사서 박물관 앞 정원에 퍼질러 앉았다.

드나드는 사람들을 구경하며 시간을 보내던 그때, 눈에 띄는 사람이 하나 들어왔다. 알록달록한 코오롱스포츠 등산복과 배낭을 멘 내 또래의 여학생이었다. 누가 봐도 한국 사람이었다. 배낭이 너무 커서 안쓰러움이 느껴졌다. '저 배낭, 너무 커서 입장 거부될 것 같다.' 아니나 다를까, 박물관에 들어간 지 얼마 안 되어 터덜터덜 나오는 모습이 보였다. 지친 마음에 호기심이 쏙 올라왔다. 쪼르르 따라붙어서 말을 걸었다. "한국 분이시죠?" "앗, 어떻게 아셨어요?" 어떻게 아셨냐니, 속으로 웃음이 났다. 잠시 걸으며 이런저런 얘기를 나눴다. 그분은 영국이 좋아 영국 전역을 다 돌고 마지막으로 런던 일정을 하고 있는 중이라고 했다.

재미있는 계획이 있으면 소개해 달라고 했다. 다음 날 뮤지컬 〈오페라의 유령〉을 관람할 예정인데, 같이 할 마음이 있냐 물었다. 뮤지컬? 〈오페라의 유령〉? 20세기를 살던 가난한 젊은이에 게 생소한 단어들이었다. 당시는 아직 제대로 된 뮤지컬 작품이 한국에 거의 들어오지 않던 때였다. 말로는 들어 봤으나 그런 것들을 볼 생각은 해보지 않았다. 괜찮겠다는 생각이 들었다. 다음 날 만나 줄 서서 싸구려 표를 구했다. 그리고 작품을 관람했다. 화려한 무대와 가슴을 때리는 음악이 뮤지컬 무식자에게도 충격으로 다가왔다.

터져 버린 시장

배낭여행을 다녀온 몇 년 후 한국 무대에 〈오페라의 유령〉 첫 공연이 올랐다. 대박이 났다. 2001년 공연 현실에서는 상상도 할 수 없었던 규모의 제작비, 150억 원이 투입된 대작이었다. 무려 7개월 동안 244회를 공연했다. 그 당시 공연은 2~3주 잠깐 하는 것이 보통이었다. 이 땅에서 〈오페라의 유령〉 수준의 큰 무대로 그렇게 긴 기간 공연을 한 작품은 없었다. 결과는? 유료 관객 24만 명, 매출 192억 원, 추정 수익 20억 원에 달하는 엄청난 성공을 거두었다. 모두 충격을 받았다.

사실 〈오페라의 유령〉은 당시 제작 여건에서는 공연이 불가능한 작품이었다. 아무도 100억이 넘는 규모의 작품을 제작해 본 경험이 없었다. 이 때문에 해외 스태프들이 들어와 노하우를 전수해 가며 만들어야 했다. 출연할 배우가 부족해 9차에 걸친 오디션을 치러야 했다. 엄청난 제작비를 회수할 수 있을 만큼 긴 공연 기간이 필요했다. 그 위험을 감수하기 어려웠던 스태프들과 극장들은 참여하기를 꺼려 했다. 극장의 크기 또한 문제가 됐다. 예술의 전당과 세종문화회관을 제외하고는 사이즈가 맞지 않았다. 그러나 그 두 곳은 공공극장이었기 때문에 대관 승인을 받을 수 없었다. 결국 원작 제작사의 요구에 맞추기 위해 LG아트센터의 구조를 바꾸는 공사까지 했다. 인프라가 부족한 한국 시장에서 도박에 가까운 투자를 하고 엄청난 성공을 거둔 것이다.

지금 우리가 알고 있는 뮤지컬 시장은 그때 시작되었다고 해도 과언이 아니다. 〈오페라의 유령〉 초연 이전, 뮤지컬은 브로드웨이나 웨스트엔드에 여행을 가서 보고 오는 특별한 경험이었다. 국내 실정과는 거리가 있는 장르로 여겨졌었다. 그러나 엄청난 상업적 가능성이 증명된 이후 공연계에는 일대 변혁이 나타났다. 대형 뮤지컬의 장기공연이 물밀듯 제작되었다. 대기업, 기관투자자 등 대규모 외부자본이 뮤지컬 시장에 적극적으로 참여하기 시작했다. 대형 뮤지컬을 공연할 수 있는 극장들도 속속 개관됐다. 전체 시장 규모도 급속히 늘어났다. 가무를 좋아하는 한국 사람들에게 노래와 함께 화려한 볼거리까지 제공하니 이보다 더 좋을 수 없었다.

이십여 년이 지난 지금, 내로라하는 대극장에는 어김없이 뮤지컬이 공연되고 있다. 세계 유수의 대작들을 언제든지 볼 수 있다. 특별한 날 공연을 보러 갈 때 뮤지컬을 1순위로 생각하는 것이 당연시되었다. 뮤지컬은 시장 규모가 대중음악 콘서트를 넘어서서 공연시장에서 가장 중요한 장르가 되었다.

이상한 뮤지컬

문화 산업계에서 10년간 일했다. 문화예술에 애정이 깊었던 만큼 방송 커리어를 잠시 접고 문화사업에 투신했다. 하는 일은 투자가치가 높은 뮤지컬 관련 업무가 대부분을 차지했다. 가장 많은 작품이 제작되고 있고, 가장 활발하게 투자가 이루어지는 분야였다. 런던에서 받은 충격 이후 가끔 뮤지컬을 보긴 했다. 그래도 아는 것이 거의 없는 영역이었다. 업무를 맡은 후 모르는 것들을 차근히 배우며 '언젠가는 익숙하게 잘할 수 있겠지' 하며 열정을 불태웠다. 일주일이 멀다 하고 극장을 드나들었다. 배우의 연기를 더 자세히 보기 위해 오페라글라스도 장만했다.

화려한 무대, 열정적인 배우, 관객의 높은 호응까지 한국 뮤지컬은 아주 많이 발전해 있었다. 20세기 소년이 런던에서 받았던 충격이 한국 무대에 그대로 재현되고 있었다. 신기했다. 볼수록 매력이 느껴졌다. 한국 공연시장의 미래가 뮤지컬에 달려 있다는 생각이 들었다. 아직은 세계적인 경쟁력이 부족한 한국의 공연 콘텐츠에 뮤지컬이라는 현자의 돌을 던져 황금으로 연성해 낼 수 있을 것 같은 희망이 보였다. 그 열정을 공부로 이어 갔다. 현장에서 얻은 값진 경험을 학문의 틀에 정리해서 모두에게 도움이 되는 정보를 주고 싶었다. 뮤지컬을 연구해 박사학위까지 받았다.

　하지만 이상했다. 시간이 갈수록 뮤지컬을 더 모르겠다는 생각이 들었다. 쑥쑥 성장해서 세상을 뒤집을 것 같았던 한국 뮤지컬이 어느 순간 유리 천정에 부딪힌 느낌이 들었다. 왜 그럴까 생각해 봐도 쉽게 답이 안 나왔다. 한국 뮤지컬 시장은 특이하다. 누구나 관람하기를 원하는 장르이다. 2023년 기준으로 뮤지컬 티켓이 733만 장 팔렸다고 한다. 일곱 명 중 한 명은 관람을 했단 뜻이다. 그래도 다수 대중에게 뮤지컬은 마이너한 콘텐츠로 인식된다. 아무리 뮤지컬에서 잘나가는 배우라 해도 손에 꼽을 몇 명을 제외하고는 '쟤 누구니?' 소릴 듣는다. 지금 당장 뮤지컬배우 다섯 명을 떠올릴 수 있는 사람이 몇이나 될까. 시장 규모는 최대라는데 영화처럼 꾸준히 찾아본다는 사람을 쉽게 찾기 어렵다. 미디어나 영상을 주로 소비하는 보통사람들에게 뮤지컬은 가끔 계기가 있어야 보는 콘텐츠다. 뮤지컬이 화려하고 고급스럽다는 인식을 가지고 있지만, 인지도 측면에서는 마이너하다. 이상하지 않은가? 가장 잘나가는데 마이너라니, 너무 모순되지 않은가?

촌스러운 브로드웨이

브로드웨이에 가보니 혼란스러움이 더 커졌다. 업무차 한 달여간 브로드웨이에 지내며 공연을 봤다. '뮤지컬=브로드웨이'라고 생각할 정도로 가장 중요한 시장이다. '브로드웨이 화제작'이라는 말이 홍보문구로 쓰이는, 작품의 질을 판별하는 척도로 생각된다. 현자의 돌을 만들어 낼 노하우를 얻기에 가장 적합한 곳이라고 생각했다. 기대를 안고 뉴욕 시내에 들어갔다. 국내에 이미 소개된 작품들을 제외하고 인기가 있다는 뮤지컬들을 중점적으로 섭렵했다. 그런데 볼수록 정수리 위에 물음표가 붙어서 커지는 느낌이었다. '이게 인기작이라고?'

물론 내 편협한 취향에 맞지 않은 것일 수도 있다. 영어가 짧아 노래를 완전히 이해하지 못해서 그런 것일 수도 있다. 그래도 이

건 아니지 싶은 작품의 객석이 꽉 차 있었다. 작품의 완성도는 높았다. 배우들의 연기와 에너지가 남달랐다. 꽉 짜여진 연출 동선도 연륜이 느껴졌다. 하지만 거기까지였다. 브로드웨이 쇼 뮤지컬의 화려한 무대를 기대했던 내겐 너무도 평범한 연극 같은 작품들이 대부분이었다. 노래와 스토리도 한국 사람의 정서와는 너무도 먼 미국인들의 것으로 채워져 있었다. 업계에서 오랜 시간을 보낸 내 눈엔 오히려 악극에 가까운 느낌이 드는 작품이 많았다. 좋게 말하면 전통적인 분위기였지만, 한국 뮤지컬의 화려한 무대에 익숙한 나에게는 촌스럽게 느껴졌다.

한국에서 인기 있는 작품들을 떠올려 보자. 어떤 것이 생각나는가? 〈맘마미아!〉, 〈캣츠〉, 〈레미제라블〉, 〈오페라의 유령〉… 안타깝게도 이 작품들은 모두 영국에서 만든 것이다. 〈레베카〉, 〈엘리자벳〉… 오스트리아 뮤지컬이다. 〈시카고〉, 〈위키드〉 정도가 전통적인 브로드웨이 시스템으로 만들어진 작품이다. 많은 사람들이 머릿속에 떠올리는 브로드웨이 이미지와 실제 작품은 차이가 있다.

이런 현실은 관객들의 반응에서 잘 드러난다. 내가 브로드웨이에서 직접 관람했던 몇 작품들이 한국에 들어와 공연되었다. 내가 현지에서 그랬던 것처럼 관객의 호응이 별로 없었다. 토니상을 받고 브로드웨이에서 매진을 시킨 잘나가는 공연들이 한국에서 줄줄이 고배를 마시는 것을 봐야 했다. 전통적인 브로드웨이 작품들은 한국에서 성공한 경우가 오히려 적다. 브로드웨이 원작을 그대로 공연하는 작품보다 〈지킬 앤 하이드〉처럼 한국 관객의 정서에 맞게 다시 만든 작품이 더 인기가 있다. 모두 브로드웨이를 동경하는데 브로드웨이 정통 뮤지컬은 홀대받는 이상한 현상이 벌어지고 있는 것이다.

뮤지컬이 독립된 장르로 완성된 곳이 브로드웨이다. 그곳은 온갖 공연 작품들이 치열하게 생존을 겨루는 시장이다. 오랜 세월에 걸친 경쟁 속에서 쇼비즈니스 시스템이 정교하게 만들어진 곳이다. 한국은 이런 브로드웨이에서 작품 제작은 물론 판매와 운영 방식까지 배우며 성장했다. 그렇게 한국 뮤지컬은 브로드웨이를 동경하며 발전해 왔다. 그러나 어느 순간부터일까, 그곳의 논리만으로는 이곳을 설명할 수 없게 되었다. 이제 한국은 이곳만의 독자성을 가지게 된 것이다.

아무도 말하지 않은 비밀을 찾아서

요즘도 가끔 뮤지컬을 보러 극장에 간다. 10년간 몸담았던 업계를 떠나 홀가분한 마음으로 작품을 보러 간다. 하지만, 극장에 들어가 공연을 보는 동안 다시 궁금증이 일어난다. 한국에서 뮤지컬은 무엇이란 말인가? 외출에서 돌아와 다시 솥 앞에 선 연금술사처럼 마음이 설렌다. 분명 저 질문에 답할 수 있으면 현자의 돌을 얻을 수 있을 텐데, 머리가 복잡해진다. 예전에 이 궁금증을 해결해 보려고 책, 논문, 해외 문헌 등을 뒤져봤지만 속 시원하게 답을 주는 것은 없었다. 한국 뮤지컬의 특이한 현상을 파악해 보고 싶었지만, 이곳의 특성에 대한 연구는 거의 없었다. 오히려 '꿈의 무대 브로드웨이'를 찬양한 것들이 대부분이다. 한국에서 예술성 높은 연극 외에는 모두 딴따라 취급을 받던 것이 그리 오래되지 않았다. 대중 공연을 진지하게 연구한 자료가 없을 수밖에 없다.

지금 한국 뮤지컬을 이해하기 위해서는 우리가 밟아 온 자취를 살펴봐야 한다. 물 건너온 공연 장르가 이 땅에 어떻게 자리를 잡았는지 파악해야 한다. 뮤지컬 업무에서 떠나 있지만, 난 아직도 연구를 놓지 못하고 있다. 내가 황금을 만들어 낼 비밀을 밝힐 수 있을지는 모르겠다. 연금술사들도 현자의 돌을 만들어 내는 데는 실패했다. 하지만 그들이 수많은 화학의 비밀을 밝혀낸 것처럼 내 연구도 한국 뮤지컬에 조금이라도 도움이 될만한 결과가 나왔으면 한다. 기대하시라, 조악하더라도 한국 뮤지컬의 비밀을 밝힐 비급(祕笈)을 조만간 공개할 것이니.

+α
호미 바바(Homi K. Bhabha)
: 혼종성(hybridity)

✷

K컬쳐가 전 세계를 호령하고 있다. 불과 십수 년 전만 해도 상상할 수 없던 일이다. 그땐 모두 팝음악을 동경했고 할리우드 영화를 최고로 생각했다. 한류 드라마 이전에는 〈맥가이버〉, 〈전격 Z작전〉, 〈600만 불의 사나이〉 같은 것들이 가장 인기 있는 프로그램이었다. 시대를 조금만 더 올라가면 '미제물건'은 무엇이든 의심의 여지가 없는 최상품이었다. 지금 한국의 대중문화를 얘기할 때 미국 콘텐츠들을 빼놓고 설명할 수 없다. 식민지 체제를 겪은 많은 제3세계 국가들은 모두 비슷한 경험을 했다. 지금이야 많이 발전해서 자기 목소리를 내지만, 과거에는 서구 중심의 문화 질서에 종속되어 있었다.

서구인들은 그들의 시각으로 아시아 문화를 멋대로 해석하고 이해했다. 에드워드 사이드(Edward Wadie Said)는 이런 태도에 처음 의문을 제기한 학자다. 그는 서구의 시각을 '오리엔탈리즘 (orientalism)'이라고 규정하고 편협한 시각에 가득 차 있음을 지적했다. 서구인들은 동양을 연구할 때 정확한 사실을 파악하기 전에 선입견을 가진다. 동양의 문화를 심도 있게 분석하지 않고 우선 서양의 안티테제로 설정한다. 그 틀에 맞춰 동양문화의 공통점을 만들어 내는 동시에 서양과 본질적으로 다르다는 점을 부각시킨다. 사이드는 이런 선입견에 찬 인식을 비판하며 탈식민주의 이론의 선구자가 된다.

오리엔탈리즘에 경도된 제국주의자들은 식민지에 자신의 문화를 심으려 했다. 탈식민주의 학자인 호미 바바는 이 과정에서 일어나는 문화의 충돌을 분석했다. 제국주의 지배자들은 서구문화의 우월성을 각인시키고 권력을 공고히 했다. 식민지 주민들은 외래문화의 우월함을 배운다. 그와 동시에 거부감도 가지게 된다. 외래문화와 토착문화라는 이질적인 문화들이 충돌하기 시작한다, 이 충돌은 어느 한쪽이 사라지며 다른 한쪽에 합쳐지는 방향으로 발전하지 않는다. 어느 한쪽이 없어지고 다른 한 방향으로 확정되어 전승되는 문화는 없다. 호미 바바가 보기에 문화의 순수성이란 신화에 불과하다.

충돌에서 나타난 문화적 차이는 '제3의 공간(the third space)'에서 '교섭(negotiation)'을 벌이게 된다. 서로 섞이고 조정되는 과정을 거친다는 의미다. 그렇게 분쟁과 위기를 넘기며 '혼종성(hybridity)'을 가진 혼성 문화가 만들어진다. 혼종성은 각각의 문화가 고유의 특성을 그대로 가지고 모자이크처럼 조화를 이루는

다문화주의와는 다르다. 자신의 정체성을 지키고자 하는 열망과 외래문화에 대한 동경이 갈등을 통해 완전히 새로운 문화적 결과물을 낳는 것을 말한다.

한국 전통에 대한 자부심은 서구문화와 타협하기를 거부하는 태도로 이해될 수 있다. '천박한 양키문화'를 운운하고 '우리 것이 가장 세계적인 것'이라는 구호를 외쳐 왔다. 동시에 대부분의 사람들은 미국문화를 동경하며 자랐다. 이 두 태도는 각자의 길을 가지 않았다. 열정과 흥에 가득 찬 한국인들은 미국의 것을 우리 안에 녹여 버린 것처럼 보인다. 굳이 우리 것을 노골적으로 인식하지 않아도 한국의 문화적 정체성은 강했다. 미국 문화를 맹목적으로 따라 하는 것처럼 보였지만 우리의 자부심이 그렇게 호락호락하지 않았다. 두 이질적인 문화가 분쟁과 위기를 넘겨 완전히 새로운 혼종성을 지닌 K컬처로 재탄생되었다. 세계 대중문화의 판을 간 미국의 틀에 열정의 DNA로 가득 찬 한국의 정서와 결합되었으니, 이보다 더 강할 수 있을까?

Man vs Wild

잡초 같은 생명력

'잡초 같은 생명력'이란 말은 그저 클리셰라고 생각했다. 말을 들어도 별다른 이미지가 머릿속에 떠오르지 않았다. 풀 따위가 뭐 어떻다고 생명력 운운하는지 별 관심이 없었다. 구체적인 잡초의 모습이 개입되지 않아도 쓰러지지 않는 끈질긴 모양이라는 추상적인 의미가 바로 전달되었다. 하지만, 주택에 살아 본 사람은 안다. 텃밭을 가지고 있는 사람도 잘 알 것이다. 흙이 있는 공간을 손바닥만큼만 가지고 있어도 다 알게 된다. 저 말이 그냥 나온 것이 아니라는 것을.

눈에 보이든 보이지 않든 흙이 있는 모든 곳엔 잡초가 난다. 가끔 보일 때 뽑아내면 될 정도로만 나지 않는다. 그냥 두면 모든 곳을 점령할 만큼 난다. 비가 꾸준히 오고 볕이 좋은 여름엔 뽑아내고 뒤돌아서서 쳐다보면 다른 것이 나 있는 느낌이다. 며칠만 관리를 안 해도 꽃밭, 잔디밭, 텃밭 할 것 없이 잡초로 도배된다. 계단 구석, 대문 아래 틈은 물론 담벼락 벽돌 사이까지 먼지가 조금이라도 모인 곳엔 여지없이 잡초가 난다. 그 종류도 다양하게 온갖 풀이 난다. 씨앗이 날아온 건지 흘러온 건지 누가 물고 온 건지 알 수도 없다.

처음엔 그 놀라운 생명력에 경외감이 들었다. 틈새에서 돋아나

꽃까지 피워 낸 풀의 힘은 얼마만큼 강한 것인가. 발끝만 디딜 수 있는 땅 위에 서서 목숨을 부지하는 삶이란 얼마나 고된 것일까. 인간이라면 의지력이 금방 고갈되고 말 일이다. 간신히 버티다가 발전은 기대하지도 못하고 스스로 사라질 것이다. 잡초는 그렇지 않다. 보이지도 않는 손톱만큼의 흙에서 싹을 틔웠어도 꽃을 피우고 씨를 퍼뜨린다. 방사형으로 퍼지는 것, 허리춤까지 쑤욱 올라오는 것, 다글다글 무작위로 번지는 것 등 자라는 모양도 다양하다. 꽃도 노랑, 보라, 하양 등 작지만 예쁘게 핀다. 이름도 모르는 풀들이 저렇게 생명을 키워 내고, 씨를 퍼뜨려 더 많은 가족을 만들어 내는 것을 보면 절로 고개가 숙여진다.

하지만 거기까지다. 이런 감상은 눈앞에 펼쳐지는 잡초밭을 보는 순간 사라진다. 시골집 마당이 전부 괜히 '공구리'로 덮여 있는 게 아니다. 흙을 접하고 사는 모든 사람에겐 낭만의 대척점에 서 있는 현실이다.

잔디마당의 꿈

단독주택에 2년간 전세로 들어갔던 적이 있다. 내가 마당이 있는 집에서 살 수 있는 인간인지 시험해 보기 위해서였다. 집주인

없이 오랜 기간 세입자가 살아온 곳이었다. 집을 보러 갔을 때는 아직 추위가 가시지 않은 2월 즈음이었다. 오래된 단층 슬라브집이었다. 마당이 꽤 넓어 시원해 보였다. 잔디가 있는 마당을 가지고 싶었지만 아무것도 없는 흙바닥인 것이 아쉬웠다. 그러면 어떠하리, 심으면 되는데. 4월이 시작될 때 이사 들어갔다. 집주인과 얘길 해서 얼마간 잔디 떼를 구해 바닥에 입혔다. 마대로 몇 개를 가져왔는데 어림도 없는 양이었다. 원하는 넓이의 반을 간신히 채울 수 있었다. 흙이 드러난 쪽이 아쉬워 잔디 씨를 뿌리기로 했다. 씨를 사다가 꼼꼼히 뿌리고 정성스레 물을 줬다. 며칠이 지나자 듬성듬성 싹이 나기 시작했다. 신기했다. 이게 되는구나.

 하지만, 이게 초짜의 헛꿈이라는 것이 밝혀지는 데까지 그리 오래 걸리지 않았다. 싹은 날이 갈수록 이상한 모양이 되기 시작했다. 옆에 떼로 붙인 잔디에는 노랗게 마른 잎 사이사이에서 조그맣게 싹이 났다. 그런데 씨로 뿌린 자리엔 훨씬 굵직한 잎이 더 넓은 범위로 나는 것이 아닌가. 혹시나 하는 마음에 한동안 또 물을 정성스레 주며 지켜보았다. '잔디 씨에서 났어야 하는' 그 식물은 시간이 갈수록 작은 벼 모양이 되어 갔다. 아차 싶었다. 이게 아니구나. 책과 인터넷을 뒤져 그 정체를 찾아봤다. '왕바랭이'라는 놈이었다. 잔디보다 훨씬 억센 잎과 줄기, 커다란 씨앗을 가지고 있는 놈들이다. 살기 위해서 사방팔방으로 뻗어 나가는 끈질긴 녀석들이었다. 듬성듬성 나는 모든 것들은 다 왕바랭이뿐이었다. 속았다 싶은 마음이 들었다. 원망을 담아 이를 갈며 하나하나 다 뽑아냈다. 씨를 뿌린 자리에서 잔디는 끝까지 나지 않았다. 결국 남은 자리에도 떼를 사다 입혀야 했다.

그렇게 봄이 가고 여름이 왔다. 잔디가 자리를 잡고 내 생각보다 훨씬 짙푸른 마당이 생겨 행복했다. 하지만 잡초 상황은 봄에 비할 바 없이 심각했다. 잔디 사이사이에도 저 왕바랭이를 위시한 수많은 잡초들이 나오기 시작한 것이다. 거실에서 흐뭇하게 잔디를 바라보다가도 시선을 잡아끄는 곳이 있다. 잡초가 자라는 게 눈에 들어오기 때문이다. 사실 크게 자라기 전에는 잔디와 구별하기도 어려운 모습이다. 쉽게 구별이 될 때까지 기다리면 잔디밭이 망가지기 시작한다. 일정한 길이도 아닌 모양이 되고, 깨끗한 초록색을 즐기지 못하게 된다. 또, 이 잡초들이 번져 일정한 세력을 이루게 두면 안 된다. 세력을 이룬 자리에는 잔디가 밀려 자라지 못한다. 그때 잡초를 뽑아내면 땜통처럼 누런 흙이 드러난다.

틈날 때마다 잡초를 뽑아야 했다. 잠시만 일해야지 하고 시작하지만 계속 눈에 보이는 것이 있어 멈출 수가 없었다. 뽑아낸 잡초가 산이 될 때까지 일을 하게 된다. 그리고 하루이틀 지나면 또 그만큼이 자라 있다. 다시 달려들어 쪼그리고 앉아 뽑기 시작한다. 이후 또 한 번의 여름을 지나는 동안 그 전투를 승리로 이끌기 위해 무던히도 노력했다.

어설픈 환경론자의 딜레마

⟨Man vs Wild⟩라는 프로그램이 있다. 베어 그릴스라는 출연자가 생존하기 힘든 밀림, 무인도, 화산 지대 같은 곳에서 탈출하는 방법을 알려 주는 리얼리티 방송이다. 어렵게 불을 붙이고 벌레를 피하고 비바람을 피할 공간을 만드는 등 온갖 고생을 하는 것을 보여 준다. 난 이런 거창한 프로그램보다 더 절실하게 잡초를 대했다. 쉬지 않고 자연의 힘을 이겨 내기 위해 애썼다. 베어 그릴스는 그 상황만 빠져나오면 되지만, 내겐 끝나지 않을 일상 속에서 벌어지는 싸움이었다.

결론부터 얘기하자면 인간이 자연을 이기는 것은 애초에 불가능하다. 2년간의 긴 시험을 치르면서 내 힘만으로는 잡초를 이길 수 없다는 것을 알게 되었다. 결국 제초제를 사서 사용하기 시작했다. 내가 뼛속 깊은 환경주의자는 아니지만 사실 농약은 쓰지 않았으면 했다. 독이 뿌려진 환경에서 나와 가족들이 살게 하고 싶지 않았다. 하지만 잡초 앞에서는 이런 노력이 통하지 않았다.

손수 뽑는 것엔 물리적인 한계가 있었다. 제초작업 외에도 해야 할 일이 산더미 같아 체력과 시간이 허락되지 않았기 때문이다. 결국 나는 자연의 힘을 인정할 수밖에 없었다.

환경에 대한 다큐멘터리를 만든 적이 있다. 제초제 없이는 골프장의 푸른 잔디도 없다는 것을 알게 되었다. 친환경으로 잡초 없이 일정한 상태의 잔디를 유지하는 것은 불가능하다. 손톱만큼만 흙이 보여도 잡초가 생기는 것이 자연의 이치다. 드넓은 18홀 골프장에 잡초 하나 없이 깨끗한 잔디만 있다는 것은 그만큼 제초제를 들이부었다는 의미다. 코스 안의 워터해저드에는 농약이 얼마나 들어 있을까 상상하기도 싫었다.

레이첼 카슨(Rachel Carson)은 농약의 위험성을 지적하며 '침묵의 봄(The Silent Spring)'이 오게 된다고 말했다. 농약의 독성은 벌레에 그치지 않는다. 그걸 먹은 새들도 독성이 쌓여 죽게 된다. 이 과정이 반복되어 더 이상 새가 울지 않는 봄이 찾아올 것이라는 경고다. 그 재앙이 멀지 않다는 신호가 자주 보인다. 지구 온난화로 기후 변화가 생긴 것을 일상으로 느끼는 지경에 와 있다. 지금의 생태계는 지구가 탄생해서 수십억 년 동안 만들어진 것이다. 아주 조금씩 균형을 맞춰 가며 완성된 세계다. 자연스러운 순환과 어긋나는 것들은 긴 시간을 통해 조정되어 왔다. 그렇게 오랜 기간 동안 유기적으로 연결되어 완성된 것이 생태계다. 오만한 인간이 그 균형을 깨트리고 있다. 나도 거기에 동참하고 있다는 사실에 자책감이 밀려왔다.

잡초에게 배운다

잡초 덕분에 꽤 많은 것을 배우게 된다. 무엇보다, 유기농법으로 작물을 키우는 분들을 존경하게 되었다. 난 손바닥만 한 땅덩이 하나를 두고 이렇게 정신을 못 차리고 있는 셈이다. 내가 원하는 식물이 잘 자라서 내 눈에 좋아 보이게만 하면 된다. 그런데도 화학의 도움 없이 그 경지에 다다를 수 없었다. 유기농 농부들은 인위적인 합성물 없이 소비자들이 돈을 주고 살만한 결과물들을 만들어 낸다. 유기농 인증은 쉽게 받을 수 있는 것이 아니다. 합성 농약, 제초제, 화학비료 등을 쓰지 않는 상태로 3년 이상 지속해야 한다. 옆 농가에서 쓰는 농약이 날아 들어와서 유기농 인증이 취소되었다는 사연도 들은 적이 있다. 그만큼 까다로운 조건을 맞추고 참아 내야 한다.

농작물들은 영양분이 많아 벌레가 훨씬 더 많이 생기는 법이다. 잡초가 많이 난 곳에서는 토양의 영양분을 빼앗겨 작물이 잘 자라지 않는다. 소비자들은 벌레가 먹은 과일, 잘 자라지 않은 채소를 사지 않는다. 내 경험을 되돌아보니 어디서 생기는지도 모르는 것들을 화학적 방제 없이 물리치고 작물을 만들어 내는 능력은 아무나 가질 수 있는 게 아니었다. 유기농 제품이 괜히 비싼 것은 아니었다.

더 큰 배움은 몸을 써서 일을 하는 것이 얼마나 가치 있는지 깨달은 것이다. 잡초를 뽑다 보면 허리가 아프고 온몸에 땀이 난다. 일이십 분이면 되겠지 시작했는데 한 시간이 훌쩍 가는 건 일도 아니다. 해도 해도 끝이 안 난다. 신기한 점은 힘들고 짜증 나야 할 텐데 오히려 정신이 맑아지는 기분이 든다는 것이다. 잔디와 잡초를 구분하기 위해 온 신경을 집중해야 한다. 풀을 뽑을 때 뿌리가 끊어지지 않도록 손끝에 세심하게 힘을 줘야 한다. 조심스레 한 뿌리 뽑고 반 발자국 나가고, 다시 한 뿌리 뽑고… 이렇게 단순한 과정을 반복하는 동안 쓸데없는 생각들이 사라진다. 의도치 않아도 완벽한 몰입의 순간을 긴 시간 동안 지속하게 되는 셈이다.

한참 일을 하다 뒤를 돌아보면 딱 일을 한 만큼 깨끗해져 있다. 오래 살펴보지 않아도 된다. 한눈에 알 수 있다. 내가 손수 풀을 뽑은 자리는 바로 티가 난다. 그걸 보는 마음에 뿌듯함이 차오른다. 내가 들인 노동의 결과물을 정확하게 인지할 수 있는 일은 흔하지 않다. 몸으로 하는 일들은 노력한 만큼 바로 보상을 받을 수 있었다. 잡념이 사라지고 보람을 느끼는 단순노동의 위대한 가치를 체득하는 순간이었다.

자연에 굴복하며 사는 것

주택을 사서 정착한 지금, 난 농약의 힘에 모두 기대지 않는 것을 원칙으로 하고 있다. 꽃이나 나무가 자라는 곳은 나무껍질을 부순 바크를 깔았다. 노출된 토양을 덮어서 관리하는 것을 멀칭(mulching)이라고 한다. 멀칭을 하면 잡초의 씨가 흙과 만나기 어려워 풀이 적어지는 효과가 있다. 꽃밭을 검은 비닐로 덮을 수는 없으니 나무껍질을 꼼꼼히 뿌렸다. 나름 보기도 좋고 풀도 훨씬 덜 난다. 다만, 잔디에는 겨울이 끝날 때 발아를 억제시키는 약을 뿌린다. 이렇게 해도 나는 놈들은 원래 하던 대로 직접 뽑는 것으로 타협했다. 살충제도 친환경 농자재를 골라 꼭 필요할 때만 사용한다. 애초에 자연을 이길 수는 없으니, 자연의 힘을 인정하고 적절한 선을 찾기로 한 것이다.

봄이 시작되어 파릇한 생명들이 조금씩 고개를 들면 그 빛깔만 봐도 기분이 좋아진다. 귀엽게 나온 싹들이 자라 꽃을 피우면 일 년 중 가장 화려한 파티가 펼쳐진다. 눈이 소복이 쌓여 적막한 밤을 쳐다보는 것도 좋다. 요즘 세상에 사시사철 변하는 모습을 보며 사는 것은 얼마나 큰 사치인가. 도시에 살다 보면 인간이 자연을 다 정복한 것 같은 착각에 빠지게 된다. 늘 똑같은 모습의 빌딩 속, 항상 엇비슷한 환경을 제공하는 실내공간에 있다 보면 자연은 멀리 있는 것만 같다. 하지만, 인간은 아직도 커다란 자연 안의 작은 존재일 뿐이다. 돌 틈에서 난 잡초에도 인간과 똑같이 생명력을 주는 것이 자연이다. 자연이라는 큰 세계 안에서 모든 생명은 고유한 가치를 부여받는다. 인간이 아무리 잘난 척해도 자연 없이 홀로 사는 것은 불가능하다.

 지금 이 세상에 살아남은 생명들은 생태계가 완성되는 과정에서 균형에 맞게 진화해 왔을 것이다. 어쩌면 사람은 풀을 뽑고 열매를 거두는 단순한 노동에서 즐거움을 가지도록 진화해 왔을지도 모른다. 풀을 뽑아 보면 안다. 인간은 이러라고 만들어진 것 아닌가 싶은 즐거움이 그 안에 있다. 요즘 마음을 비우기 위해 명상을 많이 한다. 하지만, 난 권한다. 자연을 보며 일을 해보라고. 내가 자연에 속한 존재라는 사실을 온몸으로 받아들이고, 정신이 맑아지는 희열을 맛보라고.

+α
레이첼 카슨(Rachel Carson)
: 침묵의 봄

✹

　지구환경에 대한 저술은 수없이 많다. 그런데 『침묵의 봄』(The Silent Spring, 1962)이 끼친 영향력을 넘어선 것은 없다. 1960년대는 아직 환경운동의 개념조차 확실치 않던 때였다. 인간의 과학기술이 전지전능할 줄만 알았던 시대였다. 자연의 힘을 극복하고 우주로 진출하는 장밋빛 꿈을 꿨던 때다. 자연을 극복해야 했던 인간에게 화학의 힘은 대단히 유용했다. 필요 없는 동식물을 모두 손쉽게 제거할 수 있게 된 것이다. 레이첼 카슨은 이런 시대적 분위기 속에서 파괴되는 생태계의 모습을 직접 대면했다. 4년간의 현장 조사를 통해 DDT 같은 농약의 파괴력이 곤충에 그치지 않는다는 것을 보여 줬다. 새 같은 작은 동물은 물론이고 다른 야생동물을 거쳐 인간에 이르기까지 독성이 미친다고 경고했다.

　당연히도 기득권을 가진 화학업계와 그들의 지원을 받은 언론에서 출판을 막기 위해 엄청난 비난을 쏟아 냈다. 하지만, 결국 책은 출간되었고 세상은 큰 충격을 받는다. 책이 나온 다음 해 미국은 환경문제를 다루는 자문위원회를 구성한다. 계속된 논란

속에서도 1969년 미국에서 국가환경정책법을 제정한다. 이 책을 읽은 미 상원의원의 건의로 '지구의 날'이 제정되기도 했다. 미국뿐 아니다. 이 책은 세계적으로 환경 문제에 대한 공감대를 만든 시발점이 되었다.

  물론, DDT의 독성이나 곤충에서 인간에게 이어지는 생물농축 현상에 대한 논란은 아직도 결론이 나지 않고 있다. 그럼에도 불구하고 60여 년이 지난 지금까지 이 책이 우리에게 시사하는 바가 크다. 무엇보다 인간 중심으로 지구환경을 이해했던 관점을 탈피하게 했다. 농약을 사용해서 제거할 '유해동물'은 모두 인간이 정한다. 그런 관점으로 결정된 동물들이 없어지면 그와 연결된 동식물들의 생태가 차례로 망가진다. 이렇게 생태계가 무너지고 그 피해는 다시 인간에게 돌아온다. 카슨은 인간이 우월하다고 믿는 태도를 버려야 한다고 주장한다. '자연이 인간보다 특정 생물체의 수를 조절하는 훨씬 더 경제적이고 다양한 방법을 가지고 있음을 인정'해야 한다는 것이다. 인간이 나타나기 훨씬 전부터 자연이 만들어 온 시스템이다. 긴 시간 동안 문제점이 조정되며 효율적이고 안정적인 상태가 되어 있을 것이다. 그것을 인간의 관점에서 불편하다고 건드리니 문제가 발생하는 것이다.

  이런 인간의 오만함이 쌓이고 쌓여 지금 우리는 환경문제를 매일 몸으로 느끼게 되었다. 인간이 생태계 속의 작은 존재일 뿐이란 것을 인정하지 않는 한, 그래서 환경을 위한 불편함을 감수하지 않는 한 문제는 해결되지 않을 것이다. 카슨이 말했던 것처럼, "살아 있는 생물에게 고통을 주는 행위를 묵인하는 우리가 과연 인간으로서 권위를 주장할 수 있을까?"

 아쉽게도 레이첼 카슨은 책을 낸 지 2년 후 유방암으로 사망한다. 조금이라도 더 오래 살았다면 환경에 대한 연구와 실천에 더 큰 진전이 있었을 것이다. 단순한 이론가가 아니었기 때문에 그 아쉬움이 더 크게 느껴진다. 그럼에도,『침묵의 봄』이 던지는 메시지들이 살아 있기에 현재 우리는 그 말에 귀 기울여야 한다.

살아남은
자의
허무함

1796, Karte von Grossbritannien und Ireland

〈1796년 발행, 영국과 아일랜드 지도〉. 집 거실에 있는 고지도다. 동판 인쇄물에 채색이 되어 있다. Kitchen Dorret와 Jefferys가 만들었고, Franz Johann Joseph von Reilly가 비엔나에서 출판했다고 적혀 있다. 크기는 가로 80에 세로 70센티미터 정도다. 런던에서 구매했다.

연수로 영국에 거주하고 있을 때였다. 집 근처 노팅힐에서 주말 벼룩시장이 열렸다. 포르토벨로 거리를 따라 온갖 신기한 물건들이 가판에 펼쳐져 있었다. 구경도 하고 예쁜 것들은 사진으로 담으며 시간을 보내던 길이었다. 언덕을 천천히 내려가던 그때 눈을 잡아끄는 가게가 보였다. 간판부터 문까지 전면이 짙은 버건디색으로 칠해져 있는 집이었다. 고급스러운 금색 글씨로 'The Portobello Print & Map Shop'이라고 적혀 있었다. 창문에는 예쁜 고지도와 소품 인쇄물들이 붙어 있었다. 신기했다. 문 앞에 앉아 있던 커다란 하얀 개가 나를 보며 꼬리를 흔들어 줬다. 홀린 듯 안으로 들어갔다.

별천지였다. 박물관이나 큰 도서관에나 가야 볼 수 있을 것 같은 오래된 인쇄물들이 다양하게 있었다. 예쁜 새가 인쇄된 손바닥 크기의 카드부터 연대가 무척 오래되어 보이는 큰 세계지도까지 없는 것이 없었다. 인심 좋아 보이는 주인장은 내가 한국에서 왔다 하니 한반도 고지도도 일부러 찾아 보여 줬다. 동해가 'East Sea'라고 표기되어 있으니 귀한 것이라고 은근히 세일즈를 했다. 웃음으로 물리치고 둘러보던 그때, 저 지도를 발견했다. 색감과 구성이 눈을 끌었다. 내가 지금 생활하는 영국의 오래된 모습이 담겨 있는 것 같아 마음에 들었다.

난 이런 출판물에는 문외한이다. 뭐가 좋은지, 혹은 값이 나가는지 전혀 모른다. 평소에 이런 것들을 사서 집을 장식할 생각도 없었다. 하지만, 그날 난, 나를 위해 저 지도를 샀다. 런던에서 겪었던, 다시는 만나지 못할 많은 경험들을 저 영국 지도에 담아 가져가고 싶었다. 그리고, 그 시간을 잘 견뎌 온 나 자신에게 상을 주고 싶었다.

The Great White Way, 그리고 코로나19

6개월간 해외 연수를 갔었다. 문화사업 일을 하던 때였다. 뮤지컬 현장과 함께 예술문화 중심지의 트렌드를 살펴보는 계획을 세웠다. 뮤지컬은 뉴욕 브로드웨이와 런던 웨스트엔드가 중심지다. 뉴욕에서 작품을 보고 영국으로 넘어가 마무리하는 것으로 잡았다. 그 사이에 이탈리아 일정도 넣어 놓았다. 프랑스 위주의 한국 전시 시장에 대안은 없을지 이탈리아 콘텐츠들을 살펴보고 싶었다.

꼼꼼히 준비를 마치고 뉴욕에 들어갔다. 한 달 남짓의 일정으로 생활을 시작했다. 짧은 일정으로 여행을 왔을 때나 촬영차 들렀을 때와 느낌이 많이 달랐다. 낮에는 일상으로 돌아가는 활기찬 도시를 느꼈다. 밤에는 화려함의 극치를 이루는 브로드웨이와 그 안에서 펼쳐지는 꿈과 환상의 무대, 뮤지컬을 탐닉했다. 브로드웨이는 미국인들이 '위대한 하얀 길(The Great White Way)'이라고 부르며 자랑스러워한다. 불이 꺼지지 않는 밝은 길. 천조국 미국의 영광을 표현하기엔 이처럼 적절한 곳이 없었다.

그렇게 맨해튼에서 지내길 한 달, 이탈리아로의 출국이 다가오던 때였다. WHO가 코로나19 팬데믹을 선언했다. 곧바로 브로드웨이의 모든 극장이 셧다운되었다. 식당도 문을 닫았다. 생필품 가게 외의 모든 곳이 닫혔다. 뉴욕이 멈췄다. 위대한 하얀 길의 불이 꺼졌다.

연수를 준비할 때 이미 위험은 시작되고 있었다. 세계 곳곳에서 신종 유행병이 번진다는 뉴스가 연일 도배되었다. 코로나 발생 초기, 한국은 그중에서도 심각한 나라 중 하나였다. 출국할 때 불안하긴 했지만, 한국보다는 나은 곳으로 간다고 마음을 다잡으며 갔었다. 팬데믹 선언 후 상황은 역전됐다. 미국에서 감염자가 폭증했다. 환자와 시체를 수용할 곳이 없어서 센트럴파크에 야전병원이 설치되었다. 거리엔 인적이 사라졌다. 가끔 다니는 사람들 눈빛엔 공포가 가득했다.

이탈리아도 마찬가지였다. 매일 늘어나는 사망자에 온 나라가 패닉에 빠진 모습이었다. 연수로 잡았던 모든 일정이 취소되었다. 이탈리아 내 숙소들도 모두 문을 닫았고, 방문 예정이었던 기관들도 모두 멈췄다. 회사에 연락했다. 너무 위험하니 잠시 연수를 멈췄다가 나아지면 나올 수 있냐고 문의했다. 역시 회사는 냉정했다. 불가하다는 답이 돌아왔다. 한국에 들어오면 그 순간 연수는 끝나는 거라고 했다. 모든 계획을 중단하고 돌아가야 할지, 상황을 지켜보며 견뎌야 할지 깊은 고민에 빠졌다. 맨해튼 한가운데서 누구의 도움 없이 큰 결정을 내려야 할 순간이 왔다.

먹고 버티고 '살고'

일단 지켜보기로 했다. 한국으로 돌아가는 비행기표도 구할 수 없는 상태였다. 어떻게 진행되는지 상황을 봐서 다음을 결정하기로 했다. 뉴욕에 도착해 자리를 잡았던 곳은 맨해튼의 헬스키친(Hell's Kitchen)이라는 지역이었다. 타임스퀘어를 중심으로 극장이 몰려 있는 극장지구(Theater District)에 인접한 곳이다. 공연이 모두 정지된 상태여서 그곳에 있을 이유가 없어졌다. 센트럴파크와 가까운 어퍼이스트(Upper East) 지역으로 옮겼다. 센트럴파크가 맨해튼에서 유일하게 자연과 함께 편히 숨을 쉴 수 있는 곳이라는 판단이었다.

어퍼이스트는 명품샵이 가득한 부촌이다. 〈섹스 앤 더 시티〉 주인공들이 화려한 생활을 하는 무대가 바로 그곳이다. 불행 중 다행인지 관광객이 모두 빠져나가서 저렴한 가격에 방을 얻을 수 있었다. 평생 다시 살아 볼 일 없는 동네 한복판이었다. 짐을 들고 옮겨 가던 거리는 을씨년스럽기 그지없었다. 길거리에 정말 개미새끼가 없을 만큼, 아무것도 움직이는 게 보이지 않았다. 집 근처에 있던 에르메스, 샤넬 같은 럭셔리 브랜드샵들엔 마네킹만 자리를 잡고 있었다. 재난 영화 속에 들어온 것 같은 광경이었다.

죽지 않고 먹고 사는 일상이 시작되었다. 집에서 간단히 식사를 하고 TV를 켠다. 뉴스를 보며 상황을 파악한다. 책이나 스마트폰으로 시간을 보낸다. 답답할 때 센트럴파크에 걸어가서 산책을 한다. 할 것이 없다 보니 공원엔 잠시 나온 뉴요커들이 많았다. 모두 모르는 사람들과는 거리를 두고 같이 온 사람들끼리만

옹기종기 모여 다녔다. 대중교통 수단도 타는 것이 꺼려졌다. 장도 걸어갈 수 있는 범위 내에서 해결하려 노력했다. 그렇게 삼시세끼 집에서 차려 먹었다.

코로나는 점점 그 맹위를 높였다. 감염이 되면 외국인 신분으로 갈 병원도 마땅치 않았다. 누구 하나 코로나에 걸리면 당사자의 목숨이 위태로워지는 것은 물론, 가족 모두 곤란해지는 상황이었다. 산다는 말이 평소와 다른 맥락으로 읽혔다. 일상을 영위하는 의미보다 살아남는다는 뜻이 점점 짙어지고 있었다. 시간이 갈수록 아내의 얼굴이 어두워져 갔다. 더 버틸 수 없었다. 가족을 한국으로 돌려보냈다.

삼시세끼 런던편

영국도 크게 다르지 않았다. 연일 감염자 수 기록을 갈아 치우고 있었다. 2020년 초, 버티지 못한 영국 정부는 이동제한령을 내렸다. 집 밖으로 나가는 것을 몇 가지 경우로 규제했다. 생필품을 구입하기 위한 쇼핑 외에는 달리기, 걷기, 자전거 타기 중 하나를 골라 하루 한 번만 외출이 가능했다. 경찰은 이동제한을 어기는 사람들에게 벌금을 물렸다. 함께 거주하는 사람 외에 3인

이상 공공장소에 모이면 안 됐다. 장례식을 제외한 행사 모두가 허용되지 않았다.

혼자 런던으로 넘어가 노팅힐(Notting Hill)과 인접한 사우스켄싱턴(South Kensington)에 집을 잡았다. 베컴이 산다는 동네다. 어퍼이스트에 이어 평생 다시는 가보지 못할 부촌이었다. 팬데믹에 억울한데 에라 모르겠단 심정으로 정했다. 가까이 넓은 공원 두 군데가 있는 것이 중요했다. 잘 갖춰진 거실 겸 부엌과 넓은 침실이 있는 플랫(flat)이었다. 지금은 상상도 할 수 없는 집세를 내야 하지만, 당시엔 가격이 1/4도 안 되었다. 집이 아무리 좋은 데 있어도 할 것은 없었다. 상황이 저러하니 혼자 밥을 해 먹고 산책하는 일상이 연속되었다.

끼니는 정말 열심히 챙겨 먹었다. 가까운데 큰 마트가 세 군데나 있었다. 한식 재료는 다행히도 슈퍼맨 런던이라는 한인마트에서 배달을 해줬다. 먹는 것이라도 잘 해야 서럽지 않았다. 내가 잘 해 먹어야 내 주위의 모든 사람들이 편안해졌다. 걱정을 하다가도 해 먹은 음식 사진을 보여 주면 조금이나마 안심을 했다. 내가 알고 있는 모든 레시피를 다 한 번씩 해보았던 것 같다. 백숙, 잔치국수, 닭도리탕, 제육볶음, 생선조림, 짜장밥, 채소 고기볶음 등등 한식은 재료가 허락하는 만큼 해 먹었다. 특히 꼬리찜과 꼬리곰탕은 완전히 마스터했다. 좋은 고기를 싸게 살 수 있었고, 한

번 끓여 놓으면 오래 꺼내 먹을 수 있었다. 아침으론 샌드위치, 컨티넨탈 조식, 누룽지 등 간단히 할 수 있는 것으로 챙겼다. 고기를 이용한 스테이크나 각종 파스타도 자주 해 먹었다. 세끼를 해 먹으니 밥이 많이 필요했다. 밥솥이 없어서 매번 밥을 하는 게 번거로웠다. 냄비로 밥을 잔뜩 해서 랩으로 1인분씩 소분해 냉동실에 넣고 꺼내 먹었다. 김치가 귀해서 반찬도 만들어야 했다. 오이무침, 감자채볶음을 자주 했다. 상추가 없으니 로메인을 사다가 겉절이를 했다. 나중엔 치킨무도 만들어 먹었다.

큰 위안은 내가 좋아하는 영국맥주를 다양하게 마실 수 있었다는 것이다. 펍을 가지는 못했지만, 한국에서는 볼 수 없던 다양한 병맥주를 원 없이 마셨다. 런던 특산 드라이진도 늘 종류를 달리해서 구비했다. 울적할 때 진토닉을 마시면 상쾌한 기분이 들었다. 그때 터득한 진토닉 레시피는 지금도 내 비밀병기 중 하나다.

평온함을 찬양하라

본격적인 여름이 시작되는 7월이 되자 조금씩 풀리기 시작했다. 비록 방문객 수를 제한하긴 했지만 박물관이나 전시장이 다시 문을 열었다. 내셔널 갤러리를 시작으로 국공립 미술관이나

박물관들이 재개관했다. 식당들도 다시 문을 열었다. 내 몸이 온전히 나 혼자만의 것이 아닌 상황인지라 식당에 앉아 밥을 먹는 것은 최대한 피했다. 그래도 집에서 먹는 삼시세끼가 더 다채로워졌다.

걸어서 십 분 거리엔 170년 된 정육점 겸 샤퀴테리가 있었다. 가끔 쉐퍼드파이나 소시지를 사다가 오븐에 구워 먹으면 별미였다. 토요일에는 집 뒤편 공터에 'Notting Hill Farmers' Market'이라는 농산물 장터가 열렸다. 싸고 질 좋은 야채나 고기들을 맘껏 사서 먹을 수 있었다. 블랙푸딩과 베이크트 빈이 잔뜩 올라간 잉글리시 브렉퍼스트를 사다 먹기도 했다. 집 바로 앞 편에서는 말 그대로 일요일에만 파는 선데이로스트를 주문해 가져왔다. 영국 맥주 한 잔과 먹는 로스트비프와 요크셔푸딩의 맛은 기가 막혔다.

그래도, 어쩔 수 없이 식당으로 가야 할 때도 있었다. 홍차 마니아가 애프터눈티를 빠트릴 수 없었다. 괜찮다는 곳을 한참 찾아 이름난 호텔로 갔다. 호텔 전용 다기와 블렌딩 홍차가 나왔다. 정식 영국 스타일의 오이샌드위치, 버터의 부드러움에 녹던 스콘, 다채로운 디저트가 너무도 환상적이었다. 가끔 눈을 들어 로비의 피아노 연주자와 눈인사를 하는 여유도 좋았다. 아직 코로나의 공포가 다 해소된 것은 아니었지만, 평온한 일상이 성큼 다가온 것 같아 행복해졌다.

이렇게 모든 일정이 끝날 무렵 노팅힐의 지도가게를 발견했다. 하늘도 파랗고 볕도 딱 적당한 날이었다. 포르토벨로 길가의 간판들이 새롭게 보였다. 오랜 기간 이어 온 장터였을 것이다. 그 다채로운 볼거리에 세계적인 관광지가 됐을 터였다. 이 모든 것이 긴 기간 멈추는 것을 보았다. 끝이 보이지 않을 공포 속을 헤매고 빛이 조금씩 내려오는 느낌이었다. 나도, 그들도 살아남은 것이다. 평온한 일상이 이처럼 소중한 것인지 피부 아래 뼛속까지 느껴지는 기분이었다. 가게에서 저 영국지도를 보며 오랜 기간 버텨 온 내 시간들이 눈앞을 지나가는 것 같았다. 이 지도는 사야 했다. 그 암울함을 기억하기 위해서, 지금 느끼는 평온함을 찬양하기 위해서, 그리고 그 모든 것을 겪은 나를 위해서.

살아남은 자의 허무함

8월 말 한국으로 돌아왔다. 이후로도 코로나는 그 기세를 꺾지 않았다. 이후 3년여가 지난 2023년 5월에야 WHO가 팬데믹 종료를 선언했다. 그사이 전 세계 사람들은 감염의 공포 속에 살았다. 가족을 잃고 직업을 잃은 사람도 많았다. 하지만 종료 선언

후 얼마 안 된 요즘, 언제 그런 일이 있었냐는 듯한 느낌이다. 어두운 그 시절 그토록 바라 마지않았던 일상이 아무렇지도 않게 흘러가고 있다.

나는 가끔 저 지도를 보면 대견함과 동시에 허무하다는 생각이 든다. 난 무엇을 위해 그렇게 열심히 살았던 걸까. 죽을지도 모른다는 공포 속에서 무슨 일이 있어도 삼시세끼 챙겨 먹었다. 소중한 일상으로 돌아가길 진심으로 바라며 하루하루를 보냈다. 그렇게 맞이한 값진 평온함은 그 짧은 순간의 감격뿐이었던 것인가. 지금 일상을 아무렇지도 않게 흘려보내는 생활이 좀 허무하게 느껴진다. 망각은 신의 선물이라고, 괴롭던 일들은 잊히기 마련이다. 그래도, 난 그 수고로움을 잊지 않으려 한다. 평온한 일상은 너무도 귀하다. 그때의 눈으로 세상을 쳐다보면 그렇게 아름다울 수가 없다. 허무함을 물리칠 수 있도록, 대견한 마음을 가져 본다.

+α

프리드리히 니체(Friedrich Wilhelm Nietzsche)
: 아모르 파티

✸

요즘 '아모르 파티'라고 말하면 다른 게 없다. 강렬하게 당기는 전자음과 함께 '아모오~르 파티'라 반복해서 노래하며 빙글빙글 도는 김연자 씨가 바로 떠오른다. 산다는 게 다 그렇다며 인생을 긍정하는 노랫말도 인상적이다. 많이들 아시겠지만, 아모르 파티는 사랑이란 뜻의 amor와 운명을 뜻하는 fati가 합쳐진 라틴어다. 운명에 대한 사랑을 의미한다. 영어로 하면 love of fate, 한자로 풀면 운명애(運命愛)로 번역할 수 있다. 노래처럼 그 운명을 받아들이고 사랑하는 자세를 나타낸다. 이 말을 가장 처음 썼던 니체의 이론을 들여다보면 좀 더 깊은 통찰력을 얻을 수 있다.

니체는 인간의 의지를 통해 행복을 얻는 길을 설명한다. 인간은 더 높은 곳으로 가려는 본능을 지니고 있다. 그렇게 성장하려는 의지, 즉 '힘에의 의지'를 가진다. 이 의지는 만족이 없기 때문에 높은 단계로 성장을 해도 무한히 반복된다. 여기서 허무와 권태에 빠지지 않으려면 욕망이 주는 과제를 넘어서려는 열정을 가져야 한다. 열정을 가진 사람은 무한히 생기는 과제를 이겨 내는 과정 속에서 조금씩 성숙한다. 열정으로 자라난 의지는 어느 순간 내 삶 전체에 필요한 과제와 사명이 무엇인지 깨닫게 한다. 그리고 그 방향으로 살아가라고 명령한다. 이때 깨달은 자신의 과제와 사명이 바로 운명이다. 누가 시킨 것이나 남들을 따라 하는 것이 아니다. 내 스스로가 내게 시킨 명령을 깨닫고 따라 하는 삶이다. 나의 의지는 진정한 자기 자신으로 존재하길 원할 뿐 다른 사람이 되길 원치 않는다.

니체는 삶이 주는 사명은 자신이 살아온 궤적과 취향에 맞춘 방식이 된다고 말한다. 나에게 맞춰진 사명이니 자신의 삶을 더 강하고 쾌활하게 만들어 준다. 물론 가끔은 본능이 주는 과제가 자신의 능력을 넘어서서 실패를 경험하기도 한다. 하지만 의지가 강한 사람은 그 실패 속에서 자신의 사명을 더 뚜렷하게 느끼는 경험을 하게 된다.

이때 무엇보다 중요한 것은 '위대한 건강'을 지키는 일이다. 정신이 병들면 허무함에 빠져 자기 자신을 알려는 노력을 하지 않게 된다. 사소한 것이라도 부정적인 목적에 낭비되는 힘을 아껴야 한다. 특히 나 자신이 아닌 다른 것에 반응하는 힘을 없애야 한다. 잠깐 생각해 보면, 내가 원하지 않는데 남들을 따라 하는 것들에서 허무함을 느끼게 된다는 사실을 우리 모두 알고 있다. 내가 진짜로 원하는 것을 알고 그것을 해야 진정 기쁘다. 이렇게

나 자신을 하나의 숙명으로 받아들여야 건강한 의지를 회복할 수 있다.

니체는 내 인생을 외부의 시각으로 '그러했다'고 표현하지 말고 내 의지대로 '그러길 원했다'고 받아들일 수 있어야 한다고 말한다. 자신의 인생 전체에서 의지가 원하는 필연에 따라 움직인다고 받아들이는 것이 '아모르 파티'이다. 이렇게 결심이 선 사람은 강한 의지를 얻게 된다. 어떤 고통이 다가와도 극복할 힘이 생긴다. 오히려 그 고통을 넘으며 기쁨을 느끼는 경지에 다다른다. 삶을 스스로 창조하고 개척할 수 있는 힘이 생기는 것이다.

아모르 파티는 운명이니 받아들이란 수동적인 뜻이 아니다. 타인이 정한 것이 아닌, 내 스스로 만들 운명을 따라가기로 결심하는 것이다. 자신의 의지로 인생을 선택하고 후회 없이 살겠다는 선언이다. 내가 만들어 낸 운명이니 사랑해야 하지 않겠나.

에필로그

생각의 깊이

이런 글들을 써보긴 처음이다. 머릿속에 돌아다니는 생각은 친한 사람들과 대화로 나눠 봤을 뿐이다. 그것을 끄집어내서 글로 옮겨 본 적은 없다. 그걸 불특정 다수에게 공개하는 것도 당연히 처음이다. 먼저 궁금증을 표현하지 않는 사람들에게 내 생각을 얘기하지 않는 편이다. 내 주위엔 나보다 훨씬 훌륭한 전문가들이 많다고 생각한다. 설익거나 정확하지 않은 생각을 타인에게 보여 주는 것은 부끄러운 일이라고 생각하고 살았다.

이러니 개인적인 생각을 글로 고착하고 모르는 사람들에게 보여 주는 것은 큰 결심이 필요한 일이었다. 내가 뭐라고 시답지 않은 생각들을 대중에게 공개한단 말인가. 사실, 책을 내보고 싶은 생각을 오래전부터 가지고 있었다. 출판 경험이 있는 많은 주위 사람들이 뭐라도 일단 글을 공개해야 일이 된다고 조언했다. 이해는 됐지만, 한참 동안 마음이 움직이지 않았다. 내 속의 부끄러움을 이기지 못해 몇 년이 흘렀다.

어느 순간 아무것도 하지 않는 나 자신이 게으르게 느껴졌다. 해보지 않고서는 모를 일, 에라 모르겠다 싶은 심정으로 시작했다. 마음을 정했다. 내 생각을 담아낼 수 있는 물건들에 대해 쓰자. 집 안팎에 있는 글감들을 찾아 사진을 찍었다. 40개 남짓의 물건들이 후보에 올랐다. 뭔가 끄적댈 수 있는 이야기가 얽힌 것들이다. 허무한 단견으로 끝날 만한 물건을 하나둘 제외하고 나니 10편 정도가 추려졌다. 두 편의 글을 완성하고, 초고 상태의 세이브원고 두 편을 더 준비한 후 '브런치'라는 플랫폼에 글을 올리기 시작했다. 이렇게 한 주에 한 편씩 쓰고 올렸다.

처음엔 누가 읽긴 할까 싶은 의구심을 가졌었다. 그런데 생각보다 너무 많은 관심을 받아서 놀랐다. 개인적인 생각을 써 갈긴 글들을 정독하고 반응을 보여 주시는 분들에게 너무도 감사한 마음이 들었다. 독자들의 에너지를 받는 뿌듯함이 느껴졌다. 시간이 가며 글을 쓰는 것도 조금은 익숙하게 되었다. 처음 생각했던 열 편에서 '이것도 괜찮겠는데?' 싶은 것들이 하나둘 늘었다. 독자들의 반응에 힘이 생겼던 것이다.

브런치 연재 중에 출판 제안을 받았다. 내 글이 책이 될 수 있다는 사실에 고마운 마음이 들었다. 부끄러운 책이 되지 않게 하고 싶었다. 다시 원고를 꺼내 조금씩 다듬었다. 처음 쓸 때 미처 안 보이던 잘못들이 많았다. 사실관계가 명확하지 않은 것들, 내 생각에 갇혀 이해가 안 되게 쓴 문장들을 고쳤다. 석학들의 이론을 못난 글에 붙여 쓰며 나의 짧은 식견에 대해 반성을 하는 시간도 가졌다.

훌륭한 글은 문장의 힘보다 생각의 깊이가 더 중요하다고 생각하는 편이다. 내가 쓴 문장이 부족하다면, 기술이 덜 익은 탓일 것이다. 그러나 내용이 부실하다면 나라는 인간이 부족하기 때문일 것이다. 이 책을 읽고 마음에 담아 갈 것이 느껴지지 않는다면, 아직 사유가 깊지 않은 나를 탓해 주길 바란다.

다시 겸허한 마음으로 돌아가 생각이 더 자라길 기다릴 생각이다. 그렇게 하다 생각이 넘칠 때가 오면 다시 글을 쓸 수 있지 않을까, 하는 희망을 담으며 책을 마친다.